CÓMO OLVIDAR A TU EX

Cómo olvidar a tu ex pareja y no volver a mirar atrás

GARDNER SIMS

© Copyright 2022 – Gardner Sims - Todos los derechos reservados.

Este documento está orientado a proporcionar información exacta y confiable con respecto al tema tratado. La publicación se vende con la idea de que el editor no tiene la obligación de prestar servicios oficialmente autorizados o de otro modo calificados. Si es necesario un consejo legal o profesional, se debe consultar con un individuo practicado en la profesión.

- Tomado de una Declaración de Principios que fue aceptada y aprobada por unanimidad por un Comité del Colegio de Abogados de Estados Unidos y un Comité de Editores y Asociaciones.

De ninguna manera es legal reproducir, duplicar o transmitir cualquier parte de este documento en forma electrónica o impresa.

La grabación de esta publicación está estrictamente prohibida y no se permite el almacenamiento de este documento a menos que cuente con el permiso por escrito del editor. Todos los derechos reservados.

La información provista en este documento es considerada veraz y coherente, en el sentido de que cualquier responsabilidad, en términos de falta de atención o de otro tipo, por el uso o abuso de cualquier política, proceso o dirección contenida en el mismo, es responsabilidad absoluta y exclusiva del lector receptor. Bajo ninguna circunstancia se responsabilizará legalmente al editor por cualquier reparación, daño o pérdida monetaria como consecuencia de la información contenida en este documento, ya sea directa o indirectamente.

Los autores respectivos poseen todos los derechos de autor que no pertenecen al editor.

La información contenida en este documento se ofrece únicamente con fines informativos, y es universal como tal. La presentación de la información se realiza sin contrato y sin ningún tipo de garantía endosada.

El uso de marcas comerciales en este documento carece de consentimiento, y la publicación de la marca comercial no tiene ni el permiso ni el respaldo del propietario de la misma.

Todas las marcas comerciales dentro de este libro se usan solo para fines de aclaración y pertenecen a sus propietarios, quienes no están relacionados con este documento.

Índice

Introducción	vii
1. 15 Razones Importantes Por Las Que Las Relaciones Fracasan	1
2. Ejercicios Para Hacer Del Día 1 Al Día 8 Para Recupérate De Una Ruptura	13
3. Establecer Metas Y Hacer Un Balance De Tu Vida	27
4. ¿Por Qué Es Tan Difícil Superar A Alguien Que Te Lastimó?	33
5. ¿Por Qué Es Tan Difícil Dejar Ir Después De Una Ruptura?	37
6. Cinco Cosas Que Nunca Debes Hacer Después De Una Ruptura	41
7. La Manera Positiva De Lidiar Con Una Ruptura	45
8. Maneras De Superar A Tu Ex	51
9. El Poder De Las Afirmaciones Positivas Diarias	57
10. Usa La Lluvia De Ideas Como Una Forma De Recuperación	61
11. Ejercicios Para Hacer Del Dia 9 Al 30 Para Recuperarte De Tu Ruptura	65
12. La Angustia Y Ser Padre Soltero	99
13. Establecer Metas Y Hacer Un Balance De Tu Vida	107
14. ¿Cómo Encontrar El Amor De Nuevo Después De Una Ruptura O Divorcio? Comprender La Psicología	111

15. Lecciones Valiosas Después De Una Ruptura Amorosa   123
16. La Depresión Por Una Ruptura De Pareja   133

    Conclusión   165

Introducción

Voy a empezar este libro diciéndote que la sanación requiere coraje, y todos tenemos coraje, incluso si tenemos que cavar un poco para encontrarlo.

Vivimos en un mundo de gratificación. Luego agregue la tecnología a la mezcla y todo sucede en un instante, desde mensajes de texto, correo electrónico, teléfonos celulares y videollamadas. Incluso lo llaman "mensajería instantánea".

Pero, desafortunadamente, cuando se trata de asuntos del corazón, no hay nada "instantáneo" en la sanación y la recuperación de los pedazos que quedan de tu corazón roto.

De hecho, es todo lo contrario. Es como si el tiempo se detuviera. Pero la realidad es que el tiempo sigue avanzando, eres tú quien puede sentirse atrapado en un túnel del tiempo. La verdad es que si le das tiempo, tu corazón eventualmente sanará, pero solo si tomas los pasos correctos y haces las cosas correctas para ayudarlo en el camino.

Introducción

Hay una cierta cantidad de tiempo que es normal en el duelo de una pérdida. Es cuando pasa este llamado tiempo "normal" y todavía estás atrapado viviendo en el pasado que tienes que empezar a ver que ninguna cantidad de tiempo sanará a alguien que elige no dejarlo ir.

Al principio, debes llorar al respecto, hablar con tus amigos y familiares, ventilar tu ira de manera positiva y escribir un diario también puede ayudar. Pasarás por todas las emociones que son parte de la curación y de dejar atrás el pasado. Tú puedes incluso tener una fiesta de lástima o dos, pero dos es el límite.

Pero después de que termine la fiesta, debes aceptar la realidad de que esta relación ha terminado. Está destruida, ha terminado, se ha ido y estás a punto de entrar en un nuevo capítulo de tu vida. El tiempo sanará tus heridas cuando te permitas atravesar el dolor sabiendo que no solo saldrás del túnel proverbial al otro lado, sino que serás una persona más fuerte gracias a él.

La adversidad y la angustia no son algo que solo le sucede a un par de personas. Todos los que viven en este planeta tendrán estas horribles emociones llamando a su puerta en un momento u otro. Y algunos descubrirán que el tiempo realmente cura todas las heridas y seguirán adelante. Y otros descubrirán que nunca dejarán atrás el pasado y permitirán que arruine sus vidas. ¿Cuál eres tú?

Saber que el tiempo cura todas las heridas no siempre lo hace más fácil, pero ¿qué tiene de fácil cargar con una relación muerta y vivir con recuerdos de lo que fue cuando realmente tienes una opción?

Por lo tanto, tómate un período para poder sanar y antes de que te des cuenta, el pasado estará donde pertenece, en el pasado como un recuerdo lejano. La vida sigue contigo o sin ti, por lo que también podrías seguir el viaje. Y la vida nunca es aburrida; ¡en un instante tu vida puede cambiar!

Gracias por comprar este libro, es mi firme convicción de que te proporcionará todas las respuestas que necesitas para tu rompimiento.

En este libro conforme vayamos explicando los capítulos, te daré una guía de cosas que puedes ir siguiendo durante 30 días para que puedas superar a tu ex.

1

15 Razones Importantes Por Las Que Las Relaciones Fracasan

PODRÍA CONTINUAR durante horas con cientos de razones por las que las relaciones fracasan independientemente de su duración y estado, pero creo que algunas de las más importantes son directa o indirectamente responsables del fracaso de la relación.

Las siguientes no están en un orden especial, y siempre hay grados sobre estos temas. Nunca es un, todo o nada, cuando se trata de rasgos, actitudes, comportamientos o mentalidades.

Ten en cuenta que la mayoría de los problemas similares suceden porque las personas carecen de la madurez, la paciencia, la compasión o las habilidades o el coraje para estar dispuestos a crecer juntos, aprender juntos o simplemente dejar de lado sus prejuicios o limpiar sus filtros emocionales que siempre están llenos de una variedad de viejas cuestiones de equipaje y heridas emocionales.

Ten en cuenta que todas las relaciones mejoran o empeoran, son dinámicas y cambian constantemente. Nada permanece igual ya que cada persona crece independientemente de su pareja y la relación, en general, sufre una variedad de cambios debido a muchos factores. Así que aquí están las 15 más importantes:

UNO: Pierden el romance y la intimidad. El romance y la intimidad continua no tienen que ver con la calidad o la frecuencia del sexo. Es puramente mantener el misterio, la diversión, la cercanía y la conexión emocional. Cuando el romance se desvanece, también lo hace la cercanía, la risa y la unión. Cuando hablo del romance, me refiero únicamente a las formas creativas en que cada uno de ustedes aporta emoción, sorpresa, singularidad y aventura y, sí, amor a la relación.

DOS: No existe un proceso efectivo de resolución de conflictos. El desacuerdo y el conflicto son parte normal de cada relación sin importar cuán cercana, fuerte o duradera sea. El conflicto, cuando no se trata de manera respetuosa y comprensiva, conducirá al retraimiento, a la edición de la comunicación y a la incapacidad de mantener la apertura y un entorno emocional seguro.

. . .

TRES: Hay una falta de aceptación de tu pareja. Desde la perspectiva humana, nadie es perfecto. Todos tenemos defectos, opiniones, prejuicios, creencias y valores que son únicos.

Cuando dos personas se juntan en una relación, es normal que de vez en cuando tu pareja haga o diga cosas que te vuelvan loco.

La incapacidad de aceptar incondicionalmente a tu pareja por lo que es, eventualmente conducirá a un mayor conflicto y distancia emocional.

CUATRO: Una o ambas personas dejan que su ego se interponga en el camino. El ego necesita tener razón o ser mejor que los demás. Cuando ambas personas permiten que su ego se salga de control en una relación, entonces se llenará de estrés, desacuerdo, conflicto, frustración y ansiedad. No son buenas emociones para albergar si deseas una relación amorosa y enriquecedora.

CINCO: Alguna de los dos o ambas personas están atascados y no están dispuestos a comprometerse. Ninguna forma es siempre mejor o correcta. Nadie siempre tiene la razón. No hay bien o mal, solo diferentes formas de ver las cosas. Cuando una persona se atasca en su forma percibida de creer, hablar, sentir o actuar y no acepta que puede haber otra o incluso mejor manera, es inevitable que esta mentalidad conduzca a un aumento de la tensión, el estrés y el conflicto.

SEIS: Existen agendas ocultas o personales que sabotean la relación. Una agenda personal no es más que una meta o una necesidad. Cuando estos no están a la vista o están en conflicto con las metas o necesidades de su pareja, puede contar con un mayor conflicto, argumentos, suposiciones o malentendidos.

SIETE: Hay una falta de confianza. Cuando la confianza mutua abandona la relación, todos los demás aspectos de la relación sufren. Para que todas las relaciones sean exitosas y duraderas, deben basarse en la confianza mutua. La confianza no es más que saber que tu pareja siempre será honesta pase lo que pase.

OCHO: Hay una falta de respeto. El respeto es primo de la confianza. Respeta y honra las metas, deseos, sueños, planes o actividades de tu pareja. No tiene que gustarte o estar de acuerdo con ellos, pero debes honrarlos. Honrarlo significa que no intentas cambiarlos, criticarlos o menospreciarlos por ningún motivo.

. . .

NUEVE: Hay manipulación emocional. La manipulación emocional es simplemente usar la culpa, la ira, el retraimiento, los celos o algún otro juego emocional, queriendo conseguir lo que tú quieres para castigar a tu pareja por alguna razón o para controlarla de alguna manera.

DIEZ: Hay falta de lealtad por parte de una o ambas personas. La lealtad está directamente relacionada con el tema de la confianza, pero es, al final, un comportamiento que de alguna manera dice: necesito algo o alguien más que me dé lo que tú no puedes o no quieres. Cuando la lealtad se va, es posible que tu pareja se vaya después de eso. No me refiero aquí sólo a tener aventuras, sino también cuando tu trabajo, interés, afición, agenda personal, carrera o negocio siempre parecen ser más importantes que tu pareja o sus miedos, necesidades, deseos o planes.

ONCE: No hay suficiente aprecio o reconocimiento. Lo único que la gente anhela es aprecio y reconocimiento por su esfuerzo, creatividad, sorpresas, trabajo extra, etc. Cuando falta este aprecio o reconocimiento tarde o temprano, estos actos serán cada vez menos y pronto terminarán por completo.

DOCE: La comunicación carece de integridad, capacidad de respuesta o es disfuncional. La comunicación es un tema complicado cuando se trata del comportamiento humano y sus suposiciones, malentendidos, confusión e incluso mensajes engañosos. Si ambos no pueden ser abiertos y honestos y sienten la necesidad de ocultar sentimientos, pensamientos, acciones, o necesitan editar constantemente sus mensajes por temor a castigos, represalias o críticas: esta es una señal segura de que las cosas están llegando a su fin.

TRECE: Hay muchas invalidaciones. La invalidación es básicamente cuando haces o dices alguna cosa que hace que otra persona se sienta poco importante, no valorada, insegura, irrespetada o no valiosa. Podrían ser cosas tan simples como: siempre llegar tarde, interrumpirlos, no escucharlos o criticarlos frente a los demás.

CATORCE: Hay una mentalidad de obtener o tomar en lugar de dar por parte de una o ambas personas. Dar en lugar de recibir siempre hará que una persona sea más feliz y se sienta mejor consigo misma. Hay dos tipos de personas en el mundo cuando se trata de este tema: donantes y receptores. Los que toman necesitan que la gente les dé, y los que dan necesitan darles a los demás. Los que dan en lugar de los que reciben son siempre más felices y están más contentos en la vida.

El problema es que la mayoría de las relaciones se componen de un donante y un receptor. Ambos tienden a obtener lo que necesitan cuando se trata de dar y recibir, pero al final ambos pronto se cansarán del comportamiento de su pareja.

. . .

QUINCE: Las expectativas no se gestionan o no se comunican con integridad. Todos tenemos expectativas de los demás. Algunos son inmaduros o disfuncionales, mientras que otros se basan en la realidad e incluso en el respeto. Pero al final, si no se comunican sus expectativas, comenzarás a sentirte cada vez más decepcionado por la falta de cumplimiento de tus expectativas por parte de tu pareja. No pueden honrarlos o incluso considerar acomodarlos si no se expresan.

Eso es todo, amigos. ¿Tienes alguno de estos problemas o desafíos en tu relación que no te estás tratando, superando, abordando o manejando de forma positiva? Si no, deberías ya de estar empezando antes de que sea demasiado tarde.

También antes de terminar este capítulo te dejaré por aquí ciertos criterios para identificar si estas en una relación tóxica y lo que debes hacer, ya que esto también puede ser una razón por la cual las relaciones terminan.

Las relaciones de pareja no siempre son fáciles y, de hecho, los conflictos son algo habitual; pueden surgir en cualquier momento y a partir de los detalles más nimios.

Cada uno de los miembros de la relación tiene sus ideas y su forma de entender el mundo y la vida, y no siempre es fácil comprender la postura del otro. Sin embargo, con amor y con el dominio de una serie de habilidades sociales, así como con unas buenas dosis de resiliencia y capacidad de negociación, la relación puede tener éxito.

En ciertas ocasiones, sin embargo, estar en pareja puede ser un auténtico infierno, pues el amor tóxico hace imposible que las cosas salgan bien. Las relaciones tóxicas tienen la característica de que por lo menos un integrante de la relación tiene comportamientos y actitudes totalmente impropias.

Tipos de amor: el amor tóxico

No todos los amores son iguales. Podemos encontrar amores auténticos, que son puros y nobles, aquellos que son difíciles de encontrar. El amor auténtico es un amor que se basa en la confianza, el respeto y en la libertad. También hay otros tipos de amor, como el pasional, caracterizado por una gran atracción física pero poco compromiso.

Ahora bien, también hay amores que son tormentosos, si se les puede llamar amor, en los que predominan los celos, la falta de libertad, el control excesivo. Este tipo de amor es el amor tóxico, un amor que, en la mayoría de los casos, vive de la dependencia y de la ilusión sin nada que la respalde.

. . .

Y es que el amor es un tema ciertamente complejo, por eso muchos teóricos han intentado abordarlo y comprenderlo, no siempre con consenso. Uno de los teóricos más conocidos por sus aportaciones a la hora de entender este fenómeno se volvió famoso por realizar una clasificación de los distintos tipos de amor. Su Teoría Triangular del amor propone que existen tres elementos que interactúan entre sí para formar un tipo u otro de amor. Estos elementos son: la intimidad, la pasión y el compromiso. Por ejemplo, el amor que está formado por los tres elementos es el amor consumado.

Características del amor tóxico

Pero, ¿qué características presenta el amor tóxico? ¿Qué hace que un amor cause sufrimiento? Puedes encontrar las respuestas a estas preguntas en las siguientes líneas:

1. Vida social limitada

El amor tóxico se caracteriza porque la persona deja de lado todas sus amistades y se vuelca pura y exclusivamente en la relación. Esto podría parecer un acto de amor, pero en realidad es una pérdida de autonomía.

La persona deja de frecuentar los lugares que solía frecuentar, deja de lado sus intereses, descuida viejos amigos y, en resumen, deja de ser él mismo y pierde su propia esencia. Esto puede llegar a agobiar a la pareja y, además, hace que la persona deje de ser atractiva.

2. Necesidad de aprobación de amor

El enamorado que da un amor puro lucha por su desarrollo personal y no espera nada de la pareja, pues está conforme con su vida. El amor tóxico, en cambio, se caracteriza porque el individuo busca seguridad, estabilidad, comodidad en la relación de pareja. Esto se debe a un gran miedo a estar solo y a una gran inseguridad. Son individuos con una baja autoconfianza en sí mismos.

En las relaciones amorosas altamente disfuncionales, la necesidad de recibir un trato cargado de afectividad puede llevar a las personas a ser esclavas de comportamientos que las perjudican. El establecimiento de dinámicas de relación en las que el poder lo ostenta solo un miembro de la pareja, por ejemplo, es tan común como dañino, y no siempre es fácil de detectar. De hecho, si los demás llaman la atención sobre los síntomas de este problema, la persona que lo sufre suele negarlo todo de forma brusca, a veces con enfado.

Por eso, el asesoramiento profesional acostumbra a tener valor no solo por la intervención, sino también por el acompañamiento en el duro proceso que supone reconocer el problema.

3. Dependencia emocional

Esta inseguridad hace que la persona sienta una gran dependencia emocional, pues su felicidad depende de otros individuos.

Esto se convierte en una situación problemática y causa adicción a la pareja pese a que las cosas entre ambos miembros no vayan bien. (Más adelante hablaremos más a fondo sobre este trastorno psicológico).

4. Obsesión con la relación

Todos estos factores hacen que la persona se obsesione con la relación, de manera que no deja respirar a la pareja. Tampoco lleva a cabo comportamientos sanos que ayuden a mantener la estabilidad de la relación. Por ejemplo, no negocia ni respeta al otro. Así es imposible que la pareja o matrimonio sigan adelante.

5. Es irracional y poco realista

. . .

A diferencia de lo que podría suceder en un amor maduro y auténtico, amor racional y realista, es decir, en el que la persona es consciente de lo que está viviendo y no solo siente, sino que también piensa, el amor tóxico es un amor puramente irracional en el sentido más negativo que puede tener esto, pues vive de la ilusión y de las expectativas irreales. Para que un amor funcione debe ser maduro.

2

Ejercicios Para Hacer Del Día 1 Al Día 8 Para Recupérate De Una Ruptura

Día 1

Ejercicio:

Encuentra un lugar sin distracciones y apaga todos los aparatos electrónicos. Siéntate con la espalda recta, arrodíllate o acuéstate sobre una superficie dura (no en la cama) y permanece en silencio durante 10 minutos.

Durante estos 10 minutos, toma respiraciones profundas y enfocadas y mantenlas durante unos segundos cada una.

Exhala lentamente. Escucha atentamente tu respiración. No intentes cambiarlo, simplemente escucha y siente cómo entra y sale el aire.

. . .

Cuando estés listo, repite el mantra: "Quédate quieto. Guarda silencio". Repite esto lentamente varias veces en voz alta y en voz baja. Puedes experimentar aburrimiento o ansiedad, pero continúa repitiendo el mantra de todos modos. Repítelo hasta que estés tranquilo y concentrado. Puedes continuar con la respiración profunda durante el mantra o respirar profundamente durante las pausas. No te apresures.

Cada uno de los 30 días tendrá este tiempo de silencio, respiración enfocada y un mantra. A excepción de esta página, el final de cada día te recordará los minutos que debes pasar en silencio y con una respiración concentrada; y también tendrá un mantra para que practiques. Puedes repetir los mantras durante tus momentos de silencio y respiración concentrada, o de seguimiento. Recuerda, no hay una manera correcta o incorrecta de hacer esto.

Los pensamientos y sentimientos adversos quieren luchar; de hecho, están energizados por la lucha. En lugar de luchar contra los efectos secundarios de una ruptura, conócelos con el silencio y la observación. Deje que los ejercicios y las lecciones de este programa te guíen.

Día 2

. . .

Ejercicio:

Reflexiona sobre estas dos preguntas: ¿Qué es lo que más te afecta de la ruptura?

¿Qué es lo que más extrañarás de esa relación?

Escribir es extremadamente beneficioso para la mente; especialmente al reflexionar. Escribe tus pensamientos acerca de estas preguntas en particular. Si tu mente se distrae, escribe cualquier pensamiento que surja. Está bien si no tienes nada que escribir, pero reflexiona sobre la pregunta de todos modos.

¿Qué es realmente "romper" durante una ruptura? Esa respuesta será diferente para cada persona, ya que todos experimentamos apegos únicos en nuestras relaciones. Lo que más te afecta, es decir, cualquier pensamiento hiriente que surja con más frecuencia, te dirá mucho sobre a qué estabas apegado dentro de la relación.

¿Experimentas pensamientos rumiantes? sobre la intimidad, el juego, la risa, el ingenio, la inteligencia, el ánimo, el acceso a las cosas, los amigos, la seguridad, la fuerza, la capacidad de darte algo, las promesas, entre otras cosas, de la persona?

. . .

¿Qué fue lo que más disfrutaste o necesitaste de la relación? Cualquiera que sea el apego, es hora de dejarlo y descubrir la felicidad del momento presente en su ausencia. Incluso si tienes, o tuviste, múltiples apegos a la persona, todos pueden ser olvidados y abandonados. Créelo.

*10 minutos de silencio y respiración concentrada. Repite el mantra: "Suelta. Desaprende. Descubre. *

Día 3

Ejercicio:

En una hoja de papel (de cualquier tamaño) escribe todas las mentiras internas que escuchas regularmente sobre ti mismo, es decir, dentro de tu mente.

Ahora, rompe el papel en varios pedazos y deséchalo.

Es común tener una voz (o voces) internas dentro de tu mente, reproduciendo un disco de mentiras una y otra vez. Eventualmente comenzamos a aceptar estas mentiras y dejamos que impacten nuestro crecimiento y felicidad. La mayoría de las personas que ves a diario tienen estas voces internas recurrentes; y la mayoría de la gente no se da cuenta de ellas, algo así como un ruido blanco. Esto no es una enfermedad mental, sino una forma en que funciona la mente. Todos experimentamos estas tranquilas voces internas que susurran falsedades sobre nuestro ser. Estas mentiras no son nada que temer, pero deben ser observadas. Escribirlas puede ayudarte a observar y tomar conciencia de sus engaños.

El poder del silencio, la respiración enfocada y los mantras, que has estado practicando, es sacar las mentiras. Déjalos manifestarse y obsérvalos. Las mentiras internas comunes incluyen: "No puedes mantener una relación", "Nunca encontrarás a otra persona a quien amar", "Vales menos.

No le gustas a nadie", "Siempre estarás solo", "Tú eres una carga", y así sucesivamente. Estos pensamientos no son parte de ti; sin embargo, el engaño es hacerte creer que lo son. Los efectos secundarios de una ruptura puede implantar muchas de estas mentiras clandestinamente.

10 minutos de silencio y respiración concentrada. Repite el mantra: "Los pensamientos son solo pensamientos, nada más.

Día 4

. . .

Ejercicio:

Si puedes pararte, párate sobre un pie y trata de mantener el equilibrio el mayor tiempo posible. Si no puedes ponerte de pie, equilibra un bolígrafo en tu muñeca o dedo índice, tratando de no dejarlo caer.

Ahora, deja caer tu pie elevado, o la pluma balanceada. No fuerces la caída, simplemente deja que suceda de forma natural.

Todos los apegos anormales quieren que los equilibres con las dependencias necesarias (comer, beber, respirar, moverse, sentir). Los pensamientos y sentimientos de una ruptura no quieren que los consideres anormales o perjudiciales para tu felicidad básica. Quieren que creas que puedes mantenerlos en equilibrio con tus necesidades básicas para sobrevivir.

Esta es una mentira efectiva de los apegos; y de hecho, todas las dependencias usan esta mentira para mantenerte enganchado.

Entiende que los apegos de una ruptura no te ayudan en nada; incluso en un estado equilibrado. Digamos que una persona puede equilibrar los antiguos vínculos de relación con sus responsabilidades de cuidar de la familia, el trabajo y mantenerse saludable. La persona se está engañando a sí misma, y los apegos se están alejando lenta pero seguramente de la conciencia del momento presente. Sería mejor si esta persona dejara que el equilibrio fallara y observara cómo los viejos apegos caen a ambos lados, es decir, impactando negativamente en sus vidas por completo (muchos llaman a esto tener un colapso) o dejándolos pasar, como nubes oscuras que pasan en un cielo azul.

10 minutos de silencio y respiración concentrada. Repite el mantra: "Está bien dejarlo ir. Puedo dejarlo ir.

Día 5

Ejercicio:

En una hoja de papel (cualquier tamaño), escribe las metas que te has esforzado por lograr, es decir, las metas que crees que te permitirán cumplir.

Por ejemplo: un nuevo trabajo, una casa en un buen vecindario, viajar por el mundo, un negocio, una familia, nuevos amigos, un título o certificación, construir una red, alcanzar un patrimonio neto de un millón de dólares, etc.

. . .

Ahora, rompe el papel en varios pedazos y deséchalo.

Las metas pueden ser muy útiles y te pueden ayudar mucho si no estás obsesionado con ellas. Sin embargo, en el mundo moderno la gente desarrolla una confianza en las metas. Piensa en todas las veces que has dicho cosas como: "Necesito lograr eso", "Debo lograr esto", "Haré cualquier cosa para lograr eso", etc. A menudo sucede que las personas pasan más tiempo preocupándose por sus objetivos, que hacer algo libremente en el momento presente para alcanzarlos. Además, la meta en sí misma es fugaz, mientras que el viaje en el momento presente es real y duradero.

El hábito de pensar que las metas deben cumplirse, o de lo contrario se produce el fracaso, está sutilmente ligado a las dependencias. Cuando estabas en tu relación anterior, ¿cuáles eran los objetivos? ¿Qué fue lo que sentiste que necesitabas lograr a través de ese vínculo, compromiso y conexión? Deja ir esos objetivos; aparecerán otros nuevos en el momento presente.

10 minutos de silencio y respiración concentrada. Repite el mantra: "Mi felicidad no depende de cumplir una meta. Soy feliz ahora, en este momento.

Día 6

. . .

Ejercicio:

Encuentra un objeto duro que puedas sostener en la palma de tu mano (como una piedra, una pelota o una botella). Con cualquier mano, agarra este objeto con fuerza y apriétalo tan fuerte como puedas. Apriétalo con fuerza hasta que no puedas sujetarlo más. Suelta el objeto cuando estés listo.

Si pudieras seguir apretando ese objeto para siempre, quizás lo harías; pero tus músculos y nervios solo pueden aguantar un tiempo. En algún momento, simplemente y rápidamente suelta el objeto de dónde lo hayas agarrado y deja caer el objeto. No hay un proceso para la entrega; simplemente sucede cuando tu cuerpo dice que es suficiente. La liberación ocurre naturalmente sin esfuerzo.

Dejar ir una dependencia, un hábito, un patrón de pensamiento, una adicción, una emoción o un comportamiento poco saludable puede ser así de fácil. Dejar ir puede ser tan natural y libre de culpa como dejar caer el objeto que estabas agarrando con tanta fuerza en este ejercicio; por lo tanto, tome una lección de la experiencia de su cuerpo. Cuando sea el momento de dejarlo ir, déjalo ir. El momento de dejar ir siempre es ahora. Solo deja que suceda la caída.

La vieja relación puede tener un control caprichoso en tu vida, es una ilusión y una percepción falsa.

Déjalo ir; y vive tu vida en el momento presente, libre y feliz. Rodéate de recordatorios para experimentar el momento presente.

10 minutos de silencio y respiración concentrada. Repite el mantra: "Dejar ir es natural. Puedo dejar ir, aquí y ahora".

Día 7

Ejercicio:

Observa tu cuerpo. Observa cómo te sientes, te mueves y reaccionas. Más instrucciones se explican a continuación.

Si todavía estás en el proceso de una ruptura o sientes los efectos secundarios, observa los movimientos de tu cuerpo, los sonidos, las sensaciones y las respiraciones mientras estás en la experiencia. ¿Tus ojos se ven cansados o alertas? ¿Mueves tu cuerpo rápido o lento? ¿Cuál es el tono de tu voz? ¿Tus respiraciones son cortas y apresuradas, o profundas y enfocadas? ¿Cómo es tu postura? ¿Cómo duermes y comes? Trata de observar todo sobre tu cuerpo mientras lidias con la ruptura. Sé consciente de su efecto en tu cuerpo.

. . .

Si hoy no tienes pensamientos y sentimientos adversos sobre la ruptura, continúa con los 10 minutos de silencio y respiración concentrada, pero ponte en contacto con tu cuerpo.

Una buena manera de hacerlo es tocando cada parte del cuerpo y diciendo su nombre, dejando la mano sobre la parte durante unos segundos y sintiendo su textura y calidez.

Comienza con tu cabeza: coloca tu mano sobre tu cabeza y di: "Me estoy tocando la cabeza". Y luego trabaja hacia abajo hasta los hombros, los brazos, el estómago, las piernas, las rodillas y los pies. Concentra tu atención en una parte del cuerpo a la vez. Di su nombre y describe lo que estás tocando.

10 minutos de silencio y respiración concentrada. Repite el mantra: "Yo no soy mi cuerpo".

Día 8

Ejercicio:

Párate frente a una puerta, con la puerta abierta. Cierra los ojos y respira hondo. Con los ojos cerrados y conteniendo la respiración, cruza la puerta. Una vez que hayas atravesado completamente, abre los ojos y exhala.

Las puertas son herramientas increíbles que se pueden utilizar para practicar la atención plena y la observación. ¿Con qué frecuencia atraviesas las puertas corriendo sin prestar atención al cambio de ambiente? A menudo no prestamos atención ni apreciamos la transición; simplemente nos precipitamos sin darnos cuenta de que nuestra perspectiva ha cambiado.

Esto no es algo malo; de hecho, es genial que no nos detengamos frente a las puertas, con demasiado miedo de entrar al siguiente entorno. Al comienzo de este ejercicio, estaba en un lugar en particular y luego atravesó una puerta hacia un entorno completamente diferente. Hiciste una transición sin preocupación ni preocupación, y con mucha naturalidad.

Cuando se trata de puertas físicas, rara vez nos detenemos y nos preocupamos por el cambio de entorno; simplemente las cruzamos y aceptamos la nueva experiencia. Puedes aplicar esta misma lección a las decisiones que te tienen estresado, ansioso o preocupado con respecto a tu ruptura. Toma la decisión y acepta el cambio; pero trata de dar un paso consciente y agradecido. Siempre habrá una puerta que conduzca a nuevas experiencias, nuevas relaciones.

. . .

Cuando abandones el apego a la vieja relación, las puertas estarán presentes.

10 minutos de silencio y respiración concentrada. Repite el mantra: "Acepto el cambio con conciencia y gratitud".

3

Establecer Metas Y Hacer Un Balance De Tu Vida

En medio de tu ruptura, cuando las oleadas de ira y depresión hayan disminuido y te quedes solo con tus pensamientos, te preguntarás exactamente qué estás haciendo con tu vida. Si te han roto el corazón, la respuesta es: "No tengo ni idea."

Incluso las personas, Tipo A, que son las que están impulsadas por objetivos son propensas a sentir una falta de dirección en sus vidas cuando sus relaciones terminan. Es entendible.

Después de todo, cuando termina una relación, necesitas tiempo para procesar quién eres sin tu ex, y las personas colocan su identidad en sus relaciones románticas.

Uno no es el número más solitario

. . .

Cuando termina una relación, una cosa que atormenta a los nuevos solteros es la cuestión de si volverán a encontrar a alguien o si vivirán solos. Si has tenido estos pensamientos, ya sabes cómo son, pesadillas de ser la quinta rueda en las fiestas, ir al cine solo y ver cómo tus amigos se emparejan con otras personas y finalmente te dejan solo, hasta que parece que tu única opción es convertirte en un recluso. Tener una casa llena de gatos es una opción.

La paradoja de estar mentalmente preparado para salir de nuevo es que debes aceptar que estar soltero está bien. Si sientes que estar solo es una maldición que debe terminarse lo antes posible, podrías terminar cayendo en una trampa. En el peor de los casos, podrías salir con alguien que se aprovecha de tu deseo de estar con alguien y te utiliza.

También podrías alejarte de posibles citas porque tu desesperación eclipsa tus buenos puntos. Podrías salir con alguien que está igualmente desesperado por no estar solo, dejándolos a los dos en una posición menos que óptima de aferrarse el uno al otro, en lugar de que ambos se evalúen mutuamente según sus méritos como socios potenciales.

Por otro lado, si te sientes cómodo estando solo, no das la impresión de estar desesperado. Más importante aún, puedes evaluar a las personas con las que te gustaría salir por sus méritos, no simplemente estar satisfecho porque aceptaron salir contigo. Cuanto más contento estés por tu cuenta, mayores serán tus posibilidades de encontrar a alguien con quien salir.

¿Qué hacer cuando rompes con alguien?

Romper con alguien es una de las cosas más difíciles de hacer en la vida. Hay muchas personas que quedan destrozadas porque su expareja rompió con ellas de una manera completamente equivocada, y muchas optan por no volver a amar por eso.

Si quieres romper con tu pareja, debe ser de una manera en que ambos tengan un cierre para que no los lastimes demasiado en el proceso.

Aquí hay cosas que debes saber cuando se trata de romper con tu pareja:

1. Encuentra el lugar y el momento adecuados: cuando rompas con alguien, puede ser mejor hacerlo en el aislamiento de tu hogar. Esto podría ser lo más vergonzoso que le haya pasado a tu pareja, por lo que es mejor que no rompas con ellos cuando estés cerca de personas, ya que solo empeorarás las cosas para ellos. Otro lugar para no romper con alguien es en un entorno romántico que podría traer recuerdos de tiempos más felices juntos; no es justo que tu pareja tenga que revivir esos momentos mientras los estás dejando pasar. Así que busca un lugar neutral para hacer esto y asegúrate de que los dos estén solos en ese momento.

2. Díselo en persona: sé fuerte y dile que quieres terminar la relación cara a cara.

Siempre es tentador romper con alguien por teléfono o por mensaje de texto porque es más fácil de esa manera, pero nunca le hagas esto a tu pareja. Puede ser fácil para ti, pero no lo será para el que lo estás haciendo también. Así que no seas egoísta y dales el respeto que se merecen rompiendo con ellos en persona.

3. Sé siempre honesto: debes decirles las verdaderas razones por las que sientes que quieres romper con ellos. No uses la línea "no eres tú, soy yo" porque todos sabemos que es una cláusula de escape y la mitad de las veces simplemente no es verdad. Recuerda que sin querer les vas a hacer daño, así que lo mínimo que les debes es la verdad.

4. Sé sensible pero claro: diles por adelantado que estás cancelando la relación y recuerda mantener un tono de voz, expresiones faciales y lenguaje corporal amigables. En el fondo te sientes feliz porque estás terminando la relación en la que no quieres estar, pero trata de guardarte esos sentimientos hasta que salgas de la situación. Recuerda que tu ex pareja también tiene sentimientos, así que sé sensible al enfoque y sé breve.

Cuanto menos hables, es menos probable que te equivoques en tus palabras, lo que hará que sea incómodo para ambos. Así que sé breve, déjalo claro y sé sensible con la forma en que lo haces.

5. Escucha lo que tienes que decir: Una vez que hayas dicho todo lo que se necesita decir, déjalos tener la oportunidad de hablar.

Escucha lo que siente que debe decir, le estás rompiendo el corazón en este momento, por lo que lo mínimo que puedes hacer es escuchar lo que tienes que decir en respuesta a la relación que estás acabando. Al escucharlos, ellos pueden aceptar más la ruptura y también podrían beneficiarse de lo que tienen que decir sobre tus fallas en la relación para que puedas cambiar tus formas antes de entrar en una nueva.

6. Aprende cuándo es el momento adecuado para irte: cuando ambos hayan dicho todo lo que se necesitaba decir, y tú te hayas explicado con sinceridad, y ellos hayan expresado sus sentimientos, debes intentar irte ahora. Déjalos en paz y dales espacio ahora que la ruptura ha ocurrido y la próxima vez que los veas, sé un adulto sobre todas las cosas, y salúdalos.

· · ·

Si sigues estos consejos, con suerte, te resultará más fácil romper con tu pareja y no te irás completamente con el corazón roto porque lo hiciste de la manera incorrecta.

¿Alguna vez has sido tú el que ha sido abandonado? Si no, entonces eres uno de los afortunados. Imagínate en sus zapatos y busca la ruptura como si supieras cómo se sentiría. Cuando seas tú quien rompa la relación, recuerda siempre intentar que sea más fácil para la otra persona.

4

¿Por Qué Es Tan Difícil Superar A Alguien Que Te Lastimó?

Así que acabas de romper y te estás preguntando: "¿Por qué es tan difícil superar a la pareja que te lastimó?"

Las rupturas duelen. Siempre es una mala experiencia pasar por esa etapa de una relación.

Superar a alguien que te lastima es un proceso que suele llevar algún tiempo. La imprevisibilidad del futuro cercano dificulta este proceso. Superar a alguien se vuelve tan difícil cuando haces exactamente lo contrario de lo que deberías hacer.

Negociación vs. Aceptación

. . .

La aceptación es el primer paso que todos deben dar justo después de la ruptura.

Si aceptas la ruptura y la tomas como el final de la relación, superar a alguien te resultará mucho más fácil.

Por otro lado, si te quedas en la etapa de negociación y sueñas despierto con tu ex y cómo puedes recuperarlo de alguna manera, entonces harás que tu ruptura sea imposible de manejar.

Canciones tristes vs canciones positivas

Cuando las personas enfrentan rupturas, lo primero que hacen es escuchar canciones tristes. Este acto hace que su ruptura sea miserable. En cambio, deberían escuchar canciones positivas que transmitan el mensaje de que puedes ser feliz sin tu ex.

El aislamiento vs la socialización

Sin ninguna razón lógica, las personas se aíslan de su red social cuando enfrentan rupturas. Hacer esto los hace sentir más solos. Cuanto más solos se sientan, más ansiosos estarán de llorar por sus ex.

. . .

La gente debería hacer exactamente lo contrario de esto, que es socializar. Cuanto más socialices, quiero decir que cuanto más participes en actividades sociales, menos solo te sentirás.

Y será menos el esfuerzo que tengas que hacer para conseguir superar a alguien que te lastimó.

Comunicación abierta vs no tener contacto

Si alguien te lastimó tanto emocionalmente, debes evitar a esa persona por un tiempo. Por supuesto, yo sé que los amas.

Sin embargo, verlos a menudo refrescará tu herida emocional todos los días. Por lo tanto, debes evitar a esa persona y no intentar comunicarte con ella de ninguna manera.

Incluso si trata de comunicarse contigo, debes rechazar amablemente su esfuerzo.

Mantener el apego vs romper el apego

. . .

Inmediatamente después de las rupturas, las personas se encuentran incapaces de romper sus vínculos con sus exes. Por eso es tan difícil superar a algunos.

Cada vez que construyes cualquier tipo de relación con alguien, te apegas a él o ella. Para que una persona se vaya de tu vida, debes romper ese apego.

Ahora debes borrar los textos que te envió tu ex. Elimina sus imágenes de tu teléfono y tira sus regalos fuera de casa.

5

¿Por Qué Es Tan Difícil Dejar Ir Después De Una Ruptura?

No importa cuántas veces tu y tu pareja peleen, cuando llega el momento de terminar la relación, sientes que has perdido una parte de ti. Es difícil sobrellevar esta situación, y el doloroso conflicto interior por el que atraviesa tu corazón lo empeora aún más. Tu cerebro intenta en vano convencer a tu corazón de que hubo una buena razón para la ruptura, y es hora de mirar hacia adelante y olvidar el pasado. Pero, tu corazón se hace de la vista gorda a todas las buenas razones, y solo llora por un reencuentro con tu otra mitad.

En esta etapa, la pregunta del millón es "¿vale la pena tratar de recuperar a mi ex novio?" Nunca te deja en paz. Sin embargo, para facilitar tu tarea de responder esa pregunta, debes observar algunos puntos clave. En el momento en que puedas evaluar la relación y ver claramente lo que quieres para tu futuro, te será fácil tomar la decisión correcta sobre si recuperar a tu ex es el mejor paso a seguir.

. . .

En tu intento, para tomar una decisión clara sin una pizca de arrepentimiento de recuperar o no a tu ex, debes señalar honestamente qué causó que la relación se descarrilara en primer lugar. Cuando miramos las cosas el tiempo suficiente, podemos ver cosas que se nos escaparon de primera instancia, en la misma línea, cuando miras tu relación después de la ruptura, estás obligado a identificar, sin ninguna dificultad, qué fue lo que llevó a tu ex y tú a terminar separados.

¿Tú y tu ex peleaban constantemente? Si ese era el caso, considera otra forma de manejar los problemas en la siguiente relación sin tener que pelear. La comunicación en este caso es la mejor opción para adaptarse. La comunicación no solo resuelve los problemas de la relación, sino que también nutre un profundo sentimiento de intimidad en la pareja.

Si el motivo de la ruptura fue que tu novio te engañó, entonces debes tener cuidado de no darle otra oportunidad de lastimarte nuevamente. Lo hizo una vez y puede volver a hacerlo. A pesar de que puede estar mostrando su arrepentimiento y ofreciendo su fidelidad de nuevo, no te apresures a llegar a la conclusión de reunirte con él nuevamente. Deja que el tiempo te muestre hasta qué punto es honesto acerca de sus afirmaciones porque las acciones hablan más que las palabras.

· · ·

Los pasos que realizas después de una ruptura son muy importantes en tu vida. O fomentarás tu oportunidad de reunirte con tu novio una vez más o lo perderás para siempre. Así es como necesitas un plan personalizado que te ayude a lograr que tu ex se arrodille y te ruegue por tu amor eterno.

6

Cinco Cosas Que Nunca Debes Hacer Después De Una Ruptura

Romper con tu ser querido a veces puede convertirse en una experiencia terriblemente emocional. La mayoría de los chicos no pueden lidiar adecuadamente con una ruptura. Hacen todas las cosas mal y se alejan cada vez más de su oportunidad de recuperar a su ex novia. Si has tenido una ruptura dolorosa en tu vida, recuerda que no puedes simplemente llorar y ser emocional con tu ex.

No esperes que sienta lástima por ti y te acepte de vuelta. Si quieres lidiar con una ruptura de la manera correcta, aquí hay cinco cosas que nunca debes hacer:

1. **Esperar que ella te tenga lástima**

No esperes que tu ex novia sienta lástima por ti después de la ruptura. No vas a recuperar su corazón. De hecho, si esperas su lástima, ella solo te percibirá como un hombre débil. No quieres crear ese tipo de impresión. No es necesario que le ruegues para que cambie de opinión.

2. **Enojarte con ella**

No tienes derecho a enojarte con ella por separarse. No tienes ninguna posibilidad de recuperarla si te acercas a ella gritando y chillando como un loco. No hará que se someta a tu voluntad. De hecho, harás que te evite aún más. Enojarse con su voluntad solo desperdicia tu energía y hace que ella aleje su confianza de ti.

3. **Odiar a tu ex y mostrarle tu odio**

Después de que ella te dejó hace unas semanas, ¿comienzas a sentir algo de odio hacia ella? ¿Empiezas a percibirla como alguien que no merece tu atención? Si es así, ¿por qué quieres que te la devuelva? No tiene sentido. Lo que deberías hacer en su lugar es odiarte a ti mismo por no poder evitar la ruptura. Y si la odias, asegúrate de no mostrar tu expresión de odio frente a ella.

4. **Poniéndote serio con tu ex**

Debes considerar tu ruptura como un juego de niños. No te pongas demasiado serio con ella. No lograrás que le gustes si sabe que esta es la forma en que manejas la situación. Este evento de ruptura no es solo un evento para que aprendas, sino que también es un evento para poner a prueba tu capacidad masculina para lidiar con la situación por la que estás pasando. Sé juguetón con tu ex, incluso después de la ruptura. ¿Puedes hacerlo?

. . .

5. **Disculparte con ella**

Nunca te disculpes con ella y ni le muestres que estás equivocado. ¿Por qué?

Eso es porque ella te mirará como alguien débil e indigno de ella. ¿Quieres que ella piense en ti de esa forma? Entonces, no te disculpes con ella ahora.

7

La Manera Positiva De Lidiar Con Una Ruptura

A veces puede ser difícil brindar apoyo y consejos a las personas que acaban de salir de una larga relación porque cada persona tiene una forma diferente de afrontar las cosas.

Una vez que comprendamos que este sentimiento de tristeza y depresión intensas no durará, entonces, podemos comenzar a superar las cosas y ver la manera positiva de enfrentar una ruptura. Una cosa a tener en cuenta es que no todas las rupturas de relaciones son del tipo romántico e incluso las rupturas con amigos cercanos o de toda la vida también pueden causar mucho dolor emocional.

En el primer día de dos, después de una ruptura, luchamos por comprender lo que sucedió, y la aceptación de la situación aún no se ha establecido. Esto es lo que algunos profesionales pueden llamar la etapa de protesta.

. . .

En esta situación, es vital comprender cómo lidiar con las cosas, ya que las emociones intensas como la ira, la ira, el odio y el amor intenso son elevadas, y tú eres vulnerable a estos sentimientos. Los estudios han revelado que los hombres tienden a enfocar sus emociones negativas en la agresión física, lo que los lleva a tener estallidos y, como resultado, pueden lastimarse. Esta es la razón por la que debes comprender cómo lidiar positivamente con una ruptura para evitar que tu y los demás se lastimen.

Una forma positiva de dirigir esta intensa agresión es hacer algún tipo de actividad física. Únete al gimnasio y descarga tus emociones en tu equipo y haz latir tu corazón. Lo que pretendes hacer aquí es cansarte, haciendo algo físico y de esa manera estás reduciendo la tensión y la ira reprimida que sientes.

Después de una ruptura, las mujeres tienden a sentir muchas ganas de llorar y se ha demostrado que muchas mujeres sienten alivio después de una buena sesión de llanto. Lo que todos necesitamos en este punto, hombres y mujeres, es dejar salir toda la emoción reprimida, ya que esto te hará sentir mucho más ligero y más positivo para seguir adelante con los pasos para volver al camino correcto y finalmente superar la ruptura.

. . .

Una vez que haya pasado un mes desde la ruptura, deberías volver a sentirte como antes y, al menos, sentirte feliz por un tiempo. Esta es una etapa en la que es más probable que realmente quieras contactar a tu ex y ver cómo está. Otra cosa que debes tomar en cuenta en este momento es en un diario escribir cómo te sientes día a día.

Esto te permite mantener pensamientos positivos incluso si tu expareja no quiere reunirse contigo.

Las mujeres tienden a culparse por lo que salió mal en su relación y normalmente se sienten así porque se sienten solas.

Cuando ocurren estos sentimientos, comenzamos a extrañar mucho más a nuestro ex y comenzamos a entretenernos con la idea de recuperarlo. Puede que no sea bueno que lo hagas en este momento, ya que todavía te sientes vulnerable y enojado. En esta situación, es mejor no tener ningún contacto con tu ex, ya que tratar de volver a ser mi amigo demasiado pronto puede generar problemas en el futuro.

Es importante que sigas teniendo en cuenta las cosas buenas que tienes en tu vida, ya que todos sentimos la necesidad de culparnos por todo lo que salió mal. Nunca te permitas pensar que no mereces ser feliz y continúa recordándote las buenas cualidades que tienes. No dejes que esta ruptura te lleve al punto en que te odies a ti mismo por cosas sobre las que no tenías control. La relación ha terminado ahora, así que tienes que superarla, y es muy posible que salgas del otro lado más feliz y saludable que cuando estabas en la relación.

Seis meses después de la ruptura es a menudo conocido por los profesionales como la etapa de graduación. En este punto, las personas comienzan a aceptar verdaderamente la ruptura e incluso algunos comienzan a pensar en salir con otras personas y tener más citas.

Sabrás que estás lidiando bien con la ruptura porque te darás cuenta de que en ningún momento de la semana pasada habías pensado en tu ex. Esto significa que estás positivamente preparado para seguir adelante con tu vida y has logrado aprender a lidiar con esta ruptura de manera positiva.

Se dice que los hombres tienden a tener la habilidad de sentirse más calmados emocionalmente más rápido que algunas mujeres y por eso son ellos los que regresan antes a la escena de las citas. Esta es la razón por la que se recomienda que las mujeres eviten el contacto con sus exparejas hasta que se sientan emocionalmente más tranquilas y listas para salir de nuevo. Las mujeres tienden a pasar un momento más difícil y sienten que quieren un cierre. Esto les está impidiendo sentirse realmente tranquilos y positivos sobre el futuro porque su ex todavía está constantemente al frente de su mente. La situación de hace seis meses sigue jugando con el bienestar emocional de una mujer llevándola a hacer las cosas por su exnovio y no por ella misma.

En última instancia, cuando se trata de una ruptura, lo más efectivo es darse tiempo para sanar. Desafortunadamente, es un camino difícil de recorrer después de una ruptura, pero debes tener en cuenta que esto no durará para siempre y habrá un momento en que no tendrás los mismos sentimientos hacia la situación que tienes ahora. Por lo tanto, durante este tiempo, asegúrate de hacer cosas que te hagan feliz y distraigan tu mente de la tristeza y, finalmente, te verá en el camino correcto para superar a tu ex.

8

Maneras De Superar A Tu Ex

Romper con alguien que realmente te importa nunca es fácil.

Ya sea que los quieras de vuelta o simplemente quieras seguir adelante, el primer paso es dejar de pensar en la angustia.

No estás solo pensando en tu ex pareja durante los primeros días después de una ruptura. Tal vez te sientas enojado, herido, triste o una combinación de todas estas cosas y es por eso que está perfectamente bien ceder a tus emociones en este momento y dejarlas salir. Sin embargo, esto no puede continuar por más de unos pocos días porque necesitas concentrarte para seguir adelante con tu vida y comenzar a sentirte mejor rápidamente. Así que aquí están las 5 acciones principales que puedes realizar ahora mismo para que las cosas vuelvan al camino correcto.

. . .

No envíes ni devuelvas ningún mensaje cuando se trate de tu expareja.

Es posible que ya hayas oído hablar de la regla de no contacto después de una ruptura y es una de las cosas prioritarias a seguir si quieres olvidar a tu ex. La regla de no contacto es simple. Todo lo que tienes que hacer es no comunicarte con tu ex de ninguna forma. Esto incluye llamarlos, enviarles mensajes de texto, dejarles mensajes y no devolverles el contacto contigo. Esta es una forma realmente efectiva de olvidar a tu ex porque no te estás comunicando continuamente con ellos y no traes recuerdos de tu relación pasada. También es tentador seguirlos en sitios de redes sociales como las que ya conocemos que tienes en tu celular, pero esto solo hará que te sientas más molesto al verlos continuar con su vida sin ti. Así que evita el contacto con tu ex por un tiempo y te sentirás un poco mejor cada día por ello.

Reúne a algunos viejos amigos, sal de la casa y diviértete.

Después de una ruptura, todo lo que realmente queremos hacer es estar solos y sentirnos tristes por la vida en general, pero en realidad es mejor para ti salir y pasar tiempo con amigos, más temprano que tarde.

. . .

Cuando estuviste en tu relación pasada, es posible que te haya resultado difícil ponerte al día con viejos amigos muy a menudo, así que esta es tu oportunidad de salir y reunirte con ellos nuevamente. Llámalos y haz un plan para que se reúnan y disfrutes del tiempo con un viejo amigo.

Participa en pasatiempos que te apasionen.

Al igual que los viejos amigos, los pasatiempos que alguna vez tuvieron una gran parte en tu vida pueden dejarse de lado cuando estamos en una relación. Ahora es el momento de reflexionar sobre todas las cosas que alguna vez disfrutaste y las cosas que ocuparon tu tiempo libre.

Si estabas jugando al tenis, saca esa raqueta y busca a un amigo. Si estabas tocando un instrumento, quítale el polvo y empieza a practicar de nuevo. Si hay algo que siempre deseas hacer, pero nunca tuviste el tiempo, esta es la oportunidad perfecta. Haz una lista de las cosas que quieres hacer y las que te harán feliz y actúa en ello ya que esto te ayudará a recuperar tu confianza y olvidar el pasado.

Ponte en forma con un buen entrenamiento.

El ejercicio es lo que menos quieres hacer cuando acabas de romper con tu ser querido, pero de hecho es una de las mejores cosas que te pueden hacer sentir mejor. Todos comemos comida chatarra cuando nos sentimos deprimidos, así que ahora es el momento de comenzar a quemarla y sentirnos bien con nuestro cuerpo y nuestra mente. ¿Por qué no unirse a un gimnasio si aún no es miembro y subirse a esas máquinas? Esto te ayudará a dejar de pensar en tu ex y a ponerte en forma y sentirte bien al mismo tiempo.

Prueba la escena de las citas.

Sé que parece imposible en este momento comenzar a tener citas nuevamente, pero en realidad puede ayudarte a aumentar tu autoestima. No hay necesidad de entablar una relación de inmediato, pero las citas casuales son una excelente manera de conocer gente nueva y demostrarte a ti mismo que sigues siendo atractivo y deseable. Ten en cuenta que, aunque es bueno salir al mundo de las citas, tener una relación cuando ha pasado muy poco tiempo, nunca es la respuesta cuando se trata de olvidar a tu ex y solo duran unas pocas semanas.

Mantén la cara en alto y date cuenta de que este no es el final.

Todos pasamos por momentos difíciles como los que tú estás pasando ahora y, aunque parece que el dolor no tiene fin, debes comprender que es solo un sentimiento temporal. La mejor y más rápida forma de olvidarte de tu ex es seguir nuestros pasos para recuperar a tu ex y tomar medidas al respecto.

· · ·

Recuerda que cuanto más proactivo seas hacía esto, más rápido sentirás los resultados.

9

El Poder De Las Afirmaciones Positivas Diarias

ADRIANA QUEDÓ devastada cuando su novio, Jorge, la dejó por otra chica. Había perdido interés después de que Adriana comenzó a aumentar de peso debido a sus antidepresivos. La ruptura sólo provocó que Adrians descendiera aún más.

Comenzó a beber y pronto volvió a sus hábitos alcohólicos anteriores. Afortunadamente, el psiquiatra que estaba viendo le sugirió a Adriana que se rodeara de positividad a través de las Afirmaciones Positivas Diarias: recordatorios diarios y pasos de acción para sacarla del abismo de la depresión y redescubrir que la vida realmente vale la pena vivirla. (Tal como hemos visto en capítulos anteriores donde te voy dando consejos de qué hacer durante 30 días después de haber terminado con tu ex los cuales incluyen una afirmación diaria).

. . .

Las afirmaciones positivas diarias a menudo se pasan por alto por los muchos beneficios que brindan.

Pero en realidad, son importantes y beneficiosos de muchas maneras. Echa un vistazo a algunos:

Te ayudan a sanar y a convertirte en una mejor versión de ti mismo. Las afirmaciones positivas diarias son recordatorios de que la vida no es tan sombría como crees. También te empujan suavemente a vivir mejor y a pensar de manera más positiva.

Te alientan a ser más creativo y productivo en el trabajo, en el hogar, básicamente, en todos los aspectos de tu vida. Te traen vibraciones positivas y te dan esperanza de que la vida será, y es mejor.

Te ayudan a superar tu crisis personal. Te animan sin descanso, permitiéndote encontrar tu fuerza interior para superar un trastorno alimentario, una depresión o lo que sea que te esté molestando. Ten en cuenta que no importa cuán fuerte seas, aún necesitarás porristas y grupos de apoyo para impulsarte en el camino hacia la recuperación. Estos mantras diarios son parte de ese viaje.

. . .

Con el apoyo de su familia y amigos, Adriana ahora está en camino hacia una perspectiva mejor y más positiva de la vida.

Si tu eres uno de las muchas Adrianas en el mundo que se encuentran perdidos y necesitan ayuda para desarrollar su autoestima, aquí hay algunas sugerencias sobre afirmaciones positivas diarias.

¡Sé literal! Un truco que le ha funcionado a Rebeca es usar notas adhesivas o Post-Its, donde escribe sus frases positivas favoritas. Publica estas notas en su espacio de trabajo, su dormitorio e incluso en el espejo del baño para recibir una dosis de Afirmaciones Positivas Diarias a primera hora de la mañana y antes de irse a la cama por la noche.

Rodéate de gente positiva. La negatividad es contagiosa. Es probable que los pesimistas te depriman aún más, así que aléjate de aquellos con una perspectiva negativa de la vida. Por ejemplo, Adriana ha aprendido a evitar las quejas y las inconformidades de sus compañeros de trabajo. Eso, a su vez, ha hecho que ella misma deje de quejarse del trabajo y de la vida en general. Se ha convertido en lo que otras personas llaman una optimista cautelosa.

Realiza una actividad que te saque de tu zona de confort... y te lleve hacia nuevos y positivos desafíos. Parte del plan de acción del psiquiatra de Adriana era que ella se dedicara a un nuevo deporte o pasatiempo. Adriana siguió el consejo de su médico y se dedicó al yoga, que encontró esclarecedor y que la ayudaba a lamerse las heridas, por así decirlo. También se dedicó al boxeo, un deporte que le da un impulso de endorfinas que ni siquiera el azúcar puede igualar. Adriana se dio cuenta de que el boxeo le brindaba una salida para sus emociones y frustraciones.

Así que recuerda, las Afirmaciones Positivas Diarias no son solo para la mente sino también para hacer algo positivo y saludable para tu cuerpo.

Esto puede incluir comer más alimentos saludables y llevar un estilo de vida más saludable (por ejemplo, dormir lo suficiente, comer una dieta equilibrada).

10

Usa La Lluvia De Ideas Como Una Forma De Recuperación

Es difícil superar los sentimientos de soledad, vacío, depresión y tristeza cuando se ha producido una ruptura. Superar estos sentimientos, entre otros cuantos, es el primer paso para volver a encarrilar tu vida y sentirte bien contigo mismo nuevamente.

Hacer una lluvia de ideas sobre la situación, lo que ha sucedido, dónde te encuentras y dónde quieres terminar puede ayudarte a expresar tus pensamientos y sentimientos, y es una manera fácil y constructiva de enfrentar la situación directamente.

En primer lugar, toma un lápiz y papel y siéntate en un lugar tranquilo para que puedas tener una buena idea. Para empezar, haz una lista de 3 cosas que quieras lograr en los próximos tres meses. Esto puede incluir cosas como ser un poco más sociable, velar por tu bienestar o encontrar un nuevo pasatiempo para disfrutar.

Está bien escribir más de tres cosas en esta lista si también deseas lograr más en los siguientes tres meses.

A continuación, echa un vistazo a esta lista y escribe una oración para cada meta detallando lo que cada una significa para ti. Por ejemplo, si quisieras salir más y ser más sociable, ¿qué implica eso? Encontrar lugares a los que ir y personas con las que ir es un comienzo para ese objetivo.

Ahora piensa en una manera de llegar desde donde estás hasta las metas que te has fijado. Si tu objetivo era sentirte más atractivo por dentro y por fuera, entonces piensa qué cambios puedes hacer en tu dieta y qué ejercicios podrías hacer para lograr perder peso y sentirte bien. Si otro objetivo era dedicarte a un pasatiempo o interés, investiga lo que está disponible y persíguelo activamente.

Una vez que sepas los objetivos que deseas emprender y cómo puedes alcanzarlos, debes considerar cuánto tiempo deseas dedicar a cada uno de ellos durante la semana. Si querías perder un poco de peso como parte de una de tus metas, entonces necesitarás reservar tiempo, al menos de 4 a 5 horas de ejercicio a la semana para lograr un buen resultado dentro de los tres meses. Mientras que el objetivo de socializar más no ocupará tanto tiempo en tu semana, ya que puedes usar tus tardes y fines de semana para disfrutar de un par de horas con amigos y también hacer nuevos.

El objetivo de la lluvia de ideas después de una ruptura es mostrarte que el cambio es posible si sigues un plan claro.

Por supuesto, superar los sentimientos de depresión y tristeza nunca es fácil, pero tener una meta por la cual trabajar lo hace más fácil y te hace más decidido a alcanzarla.

Lleva algo de tiempo entrar en la rutina de hacer las cosas de manera diferente, y no querrás abrumarte con todos estos objetivos a la vez. Tómate el tiempo para trabajar en cada uno por separado y una vez que hayas convertido un objetivo en parte de tu rutina diaria, pasa al siguiente en la lista. Esto ayudará enormemente en la recuperación de tu ruptura.

11

Ejercicios Para Hacer Del Dia 9 Al 30 Para Recuperarte De Tu Ruptura

Día 9

Ejercicio:

En una hoja de papel, escribe todas las etiquetas y adjetivos que tú y los demás usan para identificarte.

Por ejemplo, ¿Te ves a ti mismo como hija, hijo, madre, padre, estudiante, maestro, cajero, amigo, ingeniero, contador, empleado, empleador, compañero de cuarto, esposa, esposo, etc.? ¿Y qué adjetivos usas para etiquetarte a ti mismo? Por ejemplo, ¿te identificas como fracasado, exitoso, feliz, deprimido, bueno, moral, poco ético, lujurioso, codicioso, valioso, sin valor, etc.?

. . .

No te limites a escribir las etiquetas y descripciones que percibes; pero también escribe cómo crees que otros te etiquetan: ¿crees que otros te ven como una novia leal, un gran novio, un amigo valioso, un empleado estúpido e incompetente, un trabajador extremadamente inteligente y talentoso, etc.? Tómate el tiempo que necesites y llena una hoja de papel con esas etiquetas y descripciones.

Después de hacer eso, rompe el papel en varios pedazos y tíralo. Esas etiquetas y adjetivos no significan nada. Ellos no son "tu". No puedes ser definido, etiquetado, descrito o controlado por títulos. La mayoría de la gente envenena tu conciencia con ese vocabulario aprendido. Realmente creen que estas palabras tienen poder; incluso pelearán, se estresarán, enfermarán y morirán para hacer que estas palabras sean parte de la realidad. Los apegos a las relaciones, así como la mayoría de las dependencias malsanas, te enseñan a identificarte con palabras particulares, que son sólo pensamientos. Desaprendelos.

10 minutos de silencio y respiración concentrada. Repite el mantra: "No soy una etiqueta, un título o una descripción".

Día 10

Ejercicio:

. . .

Concéntrate en un objeto o escena natural durante 10 minutos, sin distracciones y en silencio.

Centrarse en un objeto natural durante un período prolongado de tiempo es una práctica antigua. ¿Cuántas veces te has detenido a observar algo objetivamente durante más de 10 minutos? ¿Cuándo fue la última vez que observaste en silencio una puesta de sol, un amanecer, un árbol balanceándose con el viento, el canto de un pájaro, nubes que pasaban o se expandían, o simplemente una roca? Eso puede sonar aburrido, pero esta práctica es muy liberadora. Si miras algo el tiempo suficiente, empiezas a verlo desde una perspectiva diferente. Tan fácil como suena este ejercicio, no lo es: pruébalo y ve cuánto tiempo puedes observar sin que los pensamientos impidan la práctica.

Ver cómo se alimenta un pájaro puede ser más interesante que observar una roca inmóvil; pero te animo a que empieces con un objeto inmóvil, como una piedra o un trozo de madera.

Durante este proceso surgirán pensamientos: observalos y déjalos pasar. No adjuntes una meta o punto de referencia de éxito a este ejercicio; simplemente observar un objeto.

. . .

El objetivo de los pensamientos adversos de ruptura es hipnotizarte con una narrativa falsa; robando tu atención del presente.

Despierta a lo que te rodea en el presente.

10 minutos de silencio y respiración concentrada. Repite el mantra: "Enfócate. Observa. Estar presente".

Día 11

Ejercicio:

Realiza una caminata de atención plena durante al menos 10 minutos. Enfócate en cada paso. Siente los pasos: la sensación de tus pies golpeando el suelo, tu talón rodando hacia adelante, los dedos de tus pies, la flexión de tus rodillas, tus caderas trabajando para equilibrar tu postura, el balanceo de tus brazos, etc. No te apresures; ve lento. Concéntrate también en tu respiración. Sintonízate con tu cuerpo. Presta atención a tus sentidos físicos a lo largo de la caminata. Concéntrate: no escuches música ni te distraigas.

El ser humano siempre ha utilizado la marcha como un ejercicio naturalmente reparador. Hay algo en caminar y concentrarse en caminar que calma la mente y el alma. Cuanto más se camina, más relajado te sientes.

Cualquier momento es bueno para caminar y experimentar tu entorno interior y exterior. Durante largas caminatas surgirán pensamientos que te permitirán observarlos conscientemente.

Deja que los pensamientos pasen; incluso puedes tener emociones que emergen, obsérvalas y déjalas pasar también.

Centrarte en tus pasos te ayudará a despejar la mente del desorden.
Caminar temprano en la mañana y al atardecer es especialmente beneficioso.

Una caminata de 20 minutos brinda más comodidad, quietud, paz, concentración y conciencia que cientos de horas pensando en una relación anterior. Camina todos los días, tanto como puedas.

10 minutos de silencio y respiración concentrada. Repite el mantra: "Estoy relajado. Estoy en paz."

Día 12

. . .

Ejercicio:

Encuentra un objeto que puedas romper: un huevo, un vaso, un lápiz... cualquier cosa. En un lugar seguro, rompe el objeto de tu elección, y ten especial cuidado si es vidrio o algo afilado.

No limpies las piezas de inmediato, observa el desorden y deja reposar las piezas durante al menos unos minutos.

¿Rompiste el objeto, o yo rompí el objeto indicándote que lo rompieras? Y si crees que fuiste tú quien rompió el objeto, ¿te permitió el objeto romperlo? Este no es un ejercicio destinado a liberar la frustración o el estrés.

El propósito de esta lección es mostrarle que tu no eres 100% responsable del caos, el desorden, la pérdida o las piezas rotas que percibes.

La destrucción ocurre en el momento presente, y eso está bien. Pasamos mucho tiempo preocupándonos por las metas, las relaciones, los trabajos, las situaciones, el futuro y otras cosas que se desmoronan. Y cuando eso sucede, tendemos a culparnos a nosotros mismos o a los demás, porque eso es lo que nos han enseñado a hacer. Permite que suceda la ruptura; y observa las piezas así como tu reacción a la destrucción.

10 minutos de silencio y respiración concentrada. Repite el mantra: "No puedo dañar o romper el momento presente".

Día 13

Ejercicio:

Mantén una sonrisa durante 5 minutos. No necesitas hacer este ejercicio frente a un espejo; pero siéntete libre de hacerlo si lo deseas. Incluso puedes hacer este ejercicio durante los 10 minutos de silencio y respiración concentrada. Mientras sostienes tu sonrisa, tómate un momento y sienta tu rostro; realmente toca la sonrisa y la curvatura de tus labios y pómulos.

¿Alguna vez te has comportado de cierta manera y luego viste que tu estado de ánimo cambiaba de inmediato? El ejercicio físico, como correr y levantar pesas, hace esto para muchas personas. Ciertas formas de yoga también han sido utilizadas por personas para cambiar su estado de ánimo. El punto es: cambiar tu comportamiento no solo afecta a otras personas, sino que también puede afectar la percepción que tienes de ti mismo.

Notarás que mientras sonríes durante este ejercicio, puedes experimentar ciertas emociones. Puedes sentirte tonto, avergonzado, estúpido, divertido, raro o lo que sea. Sigue sonriendo a pesar de todo. De hecho, si todavía experimentas sentimientos adversos por una ruptura en este momento, sonríe mientras estás bajo sus garras: mantén la sonrisa todo el tiempo que puedas; configura una alarma de recordatorio si es necesario.

Como siempre, observa tus pensamientos mientras sonríes; observa los pensamientos como si fueran nubes que pasan en un cielo azul brillante.

Sonreír provoca una reacción auténtica en nuestros cuerpos y mentes que es esencialmente buena. El momento presente disfruta de una bonita sonrisa. Así que practica manteniendo esa sonrisa.

10 minutos de silencio y respiración concentrada. Repite el mantra: "La felicidad es ahora. Soy feliz".

Día 14

. . .

Ejercicio:

La mayoría de los productos alimenticios tienen una etiqueta de "Información nutricional" que te indicará el porcentaje de grasa, colesterol, sodio, carbohidratos, proteínas y otros contenidos nutritivos importantes en el producto. Hagamos uno para tu experiencia.

En una hoja de papel, escribe las palabras: felicidad, estrés, ansiedad, preocupación, ira y depresión. Siéntete libre de agregar otras palabras que describan emociones y sentimientos que puedas experimentar regularmente. Ahora, al lado de cada palabra escribe los porcentajes que mejor representan su medida en tu vida. No hay correcto o incorrecto para este ejercicio; el punto es ser muy consciente de qué emociones y sentimientos estás experimentando con más frecuencia que otros. Si escribes 70% de depresión, eso no es "malo". Simplemente sé honesto con los porcentajes; reconócelos.

¿Qué emociones recibieron los mayores porcentajes de edad?

¿Cuál recibió el más bajo? Recuerda, tú no eres tus emociones o sentimientos; sin embargo, experimentas emociones y sentimientos, y algunos de ellos se experimentarán más que otros, especialmente durante y después de una ruptura. Si experimentas emociones adversas con más frecuencia que las positivas, entonces no dejes que eso te moleste.

Cualquier emoción que experimentes en el momento presente, obsérvala y déjala pasar. Para las emociones negativas que vienen con regularidad, examínalas y déjalas que se desvanezcan. La observación es la clave para comprender.

10 minutos de silencio y respiración concentrada. Repite el mantra: "No me gobiernan las emociones. Estoy aquí y ahora".

Día 15

Ejercicio:

Elige una canción para escuchar con atención. Puedes elegir la canción de tu colección de música; o simplemente enciende la radio y espera a que suene una canción.

Mientras escuchas la canción, no escuches las notas, los tiempos, la voz o el ritmo; en su lugar, escucha el silencio entre los sonidos. Escucha las paradas, las pausas y la ausencia de sonido entre las notas. Escucha el silencio en la canción.

. . .

¿Alguna vez te has dado cuenta de que tus canciones favoritas no existirían sin el silencio? Cada nota, ritmo, compás y voz necesita un momento de silencio para manifestarse, incluso si ese momento existe en una milésima de segundo. Sin silencio, no habría ruido, sino sólo música.

Esto no quiere decir que el ruido y el silencio estén en conflicto; todo lo contrario en realidad. Los sonidos y el silencio son complementarios. Entonces, ¿pudiste escuchar el silencio dentro de la canción? Práctica esto repetidamente cada vez que escuches música. Escucha el silencio que permite que la música perdure.

Del mismo modo, necesitamos silencio para dejar que el ritmo de la vida se manifieste. Desafortunadamente, esto se ha convertido en una lucha para muchas personas, porque vivimos en un mundo desequilibrado que fomenta el sonido sobre el silencio. No escuches el ruido que sigue a una ruptura y no le temas al silencio. El silencio es un remedio poderoso.

Practica permanecer en silencio todos los días; comenzarás a escuchar y ver cosas nuevas y maravillosas.

. . .

10 minutos de silencio y respiración concentrada. Repite el mantra: "Guarda silencio. Escucha. Guarda silencio".

Día 16

Ejercicio:

En una hoja de papel (cualquier tamaño) escribe el nombre de tu emoción actual.

Por ejemplo, en este momento puede que te sientas agitado, tranquilo, aburrido, enojado, ansioso, emocionado, etc. Sea cual sea la emoción que estés experimentando, dale un nombre y escríbelo.

Ahora, escribe "Estoy experimentando esta emoción en el momento presente y pasará. Es solo una emoción".

Puedes tirar el papel o guardarlo si lo deseas.

Al igual que le damos crédito a ciertas palabras, tendemos a confiar mucho en nuestras emociones. También tendemos a culpar al mundo exterior por las emociones que sentimos:

"Me hicieron enojar", "Estoy deprimido porque no me querían", "Si me dieran el trabajo, sería feliz".

Las emociones que sientes están en ti, no en el mundo exterior.

Nadie puede hacerte sentir o emocionarte de una manera particular; si son capaces de hacerlo, es sólo porque tú les dejas.

Una gran manera de dejar pasar una emoción dañina es observarla; y un buen comienzo es darle un nombre y verlo como impotente.

Es un lugar común culpar a otros por nuestro dolor.

En lugar de ver la emoción por lo que es y dejarla pasar, nos han enseñado a confiar en los apegos, como en las viejas relaciones, para manejar la reacción emocional. ¡Despierta! Las emociones no son tú.

15 minutos de silencio y respiración concentrada. Repite el mantra: "No soy una emoción. Todas las emociones pasan".

. . .

Día 17

Ejercicio:

Elige un objeto que uses y en el que confíes todos los días, y que a veces pierdas, como una llave, un teléfono celular, un bolígrafo, un sombrero, un cepillo de dientes o un controlador de televisión.

Ahora, intenta perder este objeto. Escóndelo bien, e intenta hacerte olvidar dónde está.

Lo más probable es que no puedas perder este objeto, por mucho que lo intentes, porque has puesto mucha atención en el proceso de perderlo y en tratar de hacerte olvidar. En este punto, perderlo es casi imposible. ¿Por qué crees que es esto?

Si tratas de abandonar una dependencia, comportamiento, patrón de pensamiento, adicción o cualquier vicio malsano usando mucho pensamiento, atención, enfoque, lucha y esfuerzo... nunca lo perderás. Estará contigo de una forma u otra durante mucho tiempo, posiblemente para siempre. El punto es: cualquier cosa a la que prestes atención consistentemente, será difícil de perder. Esta es la razón por la que las personas que se quejan mucho nunca son felices: no pueden dejar de pensar y prestar atención a los problemas de los que se quejan.

Los problemas eventualmente se convierten en una parte íntima de sus vidas. Recuerda, los enemigos rivales mantienen una relación devota.

No pienses en la relación pasada; no luches, ni te conflictues, ni te opongas. Haz que sea olvidada, y por lo tanto perdida.

15 minutos de silencio y respiración concentrada Repetir el mantra: "No necesito aguantar. Permito que se pierda".

Día 18

Ejercicio:

Di las palabras "culpa", "vergüenza" y "arrepentimiento" diez veces en voz alta. No te apresures. Pausa entre cada repetición.

Para la pausa, puedes respirar profundamente.

. . .

Tus ojos pueden permanecer abiertos o cerrados. Una vez más, no te apresures: di las palabras lentamente y observa cualquier pensamiento, sentimiento o imagen que surja internamente.

Ahora, repite estas palabras diez veces, pero con una sonrisa.

Qué fútil credibilidad le damos a palabras como Culpa, Vergüenza y Arrepentimiento. Usamos estas palabras con nosotros mismos y con los demás; se convierten en vocabulario regular para nuestras voces internas recurrentes. Y al final, son meras palabras que no tienen poder. ¿Qué serían estas palabras sin expresión facial, tono, inflexión o énfasis?

Cuando dijiste estas tres palabras específicas, ¿qué pensamientos te vinieron a la mente, qué sentiste y hubo una reacción en tu cuerpo? Si hay una reacción, como dificultad para respirar o fruncir el ceño, la gente tiende a interpretarlo como tristeza; pero esta reacción es un comportamiento aprendido.

Nos han enseñado a sentir y pensar de cierta manera con respecto a la culpa, la vergüenza y el arrepentimiento. La verdad es que estas palabras no significan nada.

. . .

Los efectos secundarios de una ruptura, como la mayoría de los pensamientos y sentimientos adversos, florecen en estas tres palabras y las reacciones aprendidas que producen.

Pero míralos por lo que son, meras palabras sin poder.

15 minutos de silencio y respiración concentrada. Repite el mantra: "No soy Culpa, Vergüenza o Arrepentimiento".

Día 19

Ejercicio:

Sal y compra un bote de basura pequeño. Deberías poder encontrar uno barato. Si no tienes los fondos para este ejercicio, puedes usar una caja o contenedor vacío; sin embargo, un bote de basura pequeño funciona mejor por su simbolismo.

Designa este bote de basura específico como tu "bote de preocupaciones y dudas" (o usa el título que desees); algunas personas se benefician al escribir esta etiqueta directamente en el bote.

. . .

Ahora, escribe (en trozos de papel o cualquier papel que desees usar) cualquier inquietud, preocupación y pensamiento adverso que puedas estar experimentando hoy, y tiralos a la lata. Trata de practicar esto todos los días: anota rápidamente las preocupaciones, inquietudes y pensamientos negativos, y luego tíralos a la lata. Puede ser beneficioso tener un suministro de papel de desecho cerca de la lata para facilitar el acceso.

Este ejercicio puede parecer simple, pero vayamos más allá de desechar tus inquietudes, preocupaciones y pensamientos escritos.

Designa algunos momentos durante la semana para revisar la lata y eliminar preocupaciones e inquietudes aleatorias de días anteriores; simplemente acércate y saca algunas. Obsérvalos, pero no te juzgues a ti mismo. Este es un gran ejercicio para aprender tus patrones de pensamientos negativos y las mentiras que se apoderan de tu conciencia. Si continúas con esta práctica, puedes obtener una comprensión más profunda de las dependencias, hábitos, patrones de pensamiento y sentimientos que te han atrapado después de una ruptura.

*15 minutos de silencio y respiración concentrada. Repite el mantra: "No hay nada de qué preocuparse. Todo está bien".

Día 20

. . .

Ejercicio:

Elige un símbolo físico que te recuerde observar y ser consciente en el momento presente. Trata de elegir algo de la naturaleza, o que esté hecho de material natural.

El objeto que elijas puede ser cualquier cosa, pero es mejor si es algo que puedas disfrutar mirando y tocando. Por ejemplo, muchos caminantes y excursionistas encontrarán una roca única lo suficientemente pequeña como para llevarla en sus manos. Una piedra, un cordón para el cuello, una pulsera, una concha marina, un bloque de cedro, una moneda... cualquier cosa servirá, siempre y cuando la disfrutes y puedas dedicarla como una herramienta para el recuerdo.

Otro truco astuto de los viejos vínculos de relación es confundir la mente para que seas parte del mundo natural. Los recuerdos de relaciones se aprovechan, manipulan e influyen en la imaginación. Por lo tanto, eres sacado de la realidad física. Al tener un símbolo de recuerdo, puedes reconectarte con el momento presente. Este símbolo no pretende ser un ídolo, un Dios o un ícono. No pienses demasiado en esto. El símbolo es simplemente una herramienta que te ayuda a recordar dónde te encuentras aquí y ahora. Mientras seas consciente del presente, no tendrás ningún deseo de volver a la alucinación de la relación pasada.

*15 minutos de silencio y respiración concentrada. Repite el mantra: "Todo está bien. Aquí y ahora, todo está bien".

· · ·

Día 21

Ejercicio:

Encuentra una moneda. Mientras estás de pie, lanza la moneda y déjala caer donde sea. Si cae con la cabeza hacia arriba, gira hacia la derecha hasta que regreses a tu lugar original; si cae con la cola hacia arriba, gira hacia la izquierda hasta que regreses a tu lugar original. Nuevamente, con la cabeza hacia arriba, gira a la derecha; con la cola hacia arriba, gira hacia la izquierda, haciendo un círculo completo hasta que regreses a tu posición original de pie.

¿En qué dirección giraste? En este ejercicio, dejaste la dirección de tu movimiento completamente en manos del lanzamiento, la moneda y la gravedad. Cuando girabas, experimentabas una percepción visual específica del entorno que no habría tenido girando en la dirección opuesta. Pero volviste a la posición original a pesar de todo, completaste el círculo.

La experiencia habría sido diferente si giraras hacia el lado opuesto; y si repites este ejercicio varias veces, tus experiencias en la misma dirección también serán diferentes. El punto es: no importa en qué dirección vayas o lo que experimentes; siempre volverás al momento presente, por lo que el momento de estar despierto, consciente y feliz siempre es ahora.

Pase lo que pase con respecto a tu ruptura, siempre tendrás acceso al momento presente, así que disfruta de estar aquí y ahora. La ruptura no domina el presente.

15 minutos de silencio y respiración concentrada. Repite el mantra: "La dirección no importa. Siempre estoy aquí y ahora, en el momento presente".

Día 22

Ejercicio:

En una hoja de papel (una que puedas guardar fácilmente y volver a consultar más tarde) haz una lista de los pasatiempos que has tenido en el pasado pero que has descuidado, y también haz una lista de los pasatiempos que te gustaría comenzar en el futuro.

. . .

De estas listas, elige un pasatiempo del pasado y uno nuevo que te gustaría comenzar. Concéntrate solo en estos dos, el viejo pasatiempo y el nuevo. Has de esto una prioridad.

¿Con qué frecuencia has dicho, o has escuchado a otras personas decir: "Ojalá tuviera tiempo"? Tienes el tiempo. Simplemente eliges pensar en el tiempo de la forma en que te han enseñado a percibirlo. Si tu vida dependiera de ello, sin duda harías el tiempo si fuera necesario.

De hecho, el tiempo es una construcción hecha por el hombre, nunca lo olvides. Sólo existe el momento presente. El pasado y el futuro no están aquí y ahora. Pasamos demasiado tiempo pensando en el tiempo. ¿Cuántos de tus pensamientos internos recurrentes implican preguntas como "¿Cuándo sucederá eso?"

"¿Cuándo voy a cambiar?" "¿Por qué tuvo que pasar eso?" "Si el pasado fuera diferente, la vida sería mejor"? Estas son mentiras que solo comen el momento presente e infectan nuestro mundo moderno.

Rumiar después de una ruptura puede ocupar y robar el momento presente; y ese momento podría usarse para perseguir pasatiempos que aumenten tu felicidad.

. . .

*15 minutos de silencio y respiración concentrada. Repite el mantra: "El momento es ahora. La felicidad está presente".

Día 23

Ejercicio:

Pellizca la piel del dorso de la mano o el antebrazo hasta que sientas molestias y un ligero dolor. No es necesario pellizcar lo suficientemente fuerte como para lastimarte, solo lo suficiente para sentir una pequeña quemadura.

¿Causé el dolor al pedirte que hicieras este ejercicio? No; te causaste este dolor a ti mismo, piénsalo con cuidado. Incluso decidiste cuánto dolor darte a ti mismo y cuándo aliviar el dolor. No puedes culparme a mí ni a nadie más por el dolor que acabas de experimentar. Tú eras el único responsable.

También eras responsable de dejar ir.

Esto se comprende fácilmente con respecto al dolor físico, como pellizcarse uno mismo; sin embargo, tenemos muchas dificultades para comprender esta lección, ya que se aplica a las emociones y sentimientos adversos. ¿Con qué frecuencia has dicho y escuchado a otros decir: "Me enoja tanto cuando...", "Estoy deprimido porque ella...", o "Estoy tan frustrado porque ellos..."

Ninguna persona alguna vez te hace experimentar sentimientos negativos. Siempre eres tú quien los está experimentando; y luego culpas a los demás. Esencialmente, te estás pellizcando emocionalmente y no soltándote. La gente pasa toda su vida sin soltar el pellizco. En lugar de dejarlo ir, les gritan a los demás: "¡Liberen el dolor! ¡Suéltenlo! ¡Arreglen esto! ¡Detengan esto! ¡Tú tienes la culpa!" Despiértate y ve que tu eres el único responsable de dejar ir el dolor, y puedes hacerlo ahora.

Día 24

Ejercicio:

Escoge un libro; tal vez uno que tengas en casa que no hayas leído en mucho tiempo, o de la biblioteca. También puedes usar un artículo largo para este ejercicio. Es mejor si no has leído el libro o el artículo de antemano.

Ahora, en lugar de leer desde el principio, lee el último capítulo (o párrafo si es un artículo) primero.

. . .

¿Va esto en contra de tu forma convencional de percibir una historia? ¿Sentiste que tiene menos sentido incluso leer todo el libro o el artículo, ya que estás al tanto de su final antes de leer el principio? El hecho de que hayas comenzado al final del libro no afecta la historia; en cambio, afecta su percepción.

Si has estado luchando con una ruptura por un tiempo; ¿Es el principio, el medio o el final de su dilema? Esto no es para enseñarte que puedes controlar el final o el comienzo de una experiencia; porque no puedes. El propósito es mostrarte que el momento presente es todo lo que necesitarás, y puedes aceptar el final como el principio y el principio como el final, si esa es tu experiencia en el momento presente. Por lo tanto, mantente abierto a percibir todas las cosas como son ahora, con o sin principio o fin. En otras palabras, mantente despierto, no te preocupes y sé feliz.

15 minutos de silencio y respiración concentrada. Repite el mantra: "No hay final ni principio. Solo existe el ahora".

Día 25

Ejercicio:

. . .

Escríbete una carta o un correo electrónico a ti mismo. Hay algo en el uso de lápiz y papel que es muy efectivo al escribir cartas, pero no dudes en escribir un correo electrónico si lo deseas. No envíes la carta o el correo electrónico, solo escríbelo y guárdalo por un día; puedes tirarlo o eliminarlo mañana.

Escribe cualquier cosa que te venga a la mente: puede ser un consejo que quieras darte a ti mismo, una historia del pasado, pensamientos y sentimientos aleatorios, frustraciones y preocupaciones, cosas por las que está agradecido, etc. lo que se te ocurra en el momento. Trata de escribir al menos dos párrafos completos.

¿Cuál fue el tema y la voz de su mensaje? ¿Fue un tono positivo o negativo? ¿Te estabas asesorando? ¿Hiciste algún juicio sobre ti mismo? ¿Empezaste a exigir que deberías o no hacer algo? ¿Estaba la carta llena de gratitud? ¿Hubo ira y desesperación?

Lee la carta como si la estuvieras leyendo de un amigo: ¿es una carta que te molestaría o una que recibirías con entusiasmo y una sonrisa?

Lo que sea que hayas escrito está esencialmente escrito en la tablilla de tu mente. Este ejercicio es útil para conocer la voz interna que todos tenemos en la mente. Es una voz interna que puedes cambiar para mejor con la observación, la aceptación y la conciencia.

Sé consciente de tu voz interna en el momento presente.
15 minutos de silencio y respiración concentrada. Repite el mantra: "No soy mi voz interna. Soy consciente".

Día 26

Ejercicio:

Piensa en una preocupación importante que te moleste constantemente. En una hoja de papel, escribe tres escenarios del peor de los casos para esa preocupación dominante. Por ejemplo, si alguien está persistentemente preocupado por morir solo, esa persona puede escribir como el peor de los casos: "Moriré solo, sin nadie a mi lado y sin familia o seres queridos para despedirme". Como se mencionó, escribe tres escenarios del peor de los casos para la preocupación. La preocupación no tiene que ser tan extrema como morir solo; usa cualquier preocupación que te estorbe.

Ahora, junto a cada uno de esos tres peores escenarios, escriba: "Acepto esto". Puedes tirar el papel o quedártelo.

. . .

La preocupación es una enfermedad que no se trata en la mayoría de las personas, especialmente después de las rupturas.

Piensa en la preocupación como un cáncer del espíritu; pero pocas personas saben cómo tratarlo de manera efectiva. Una de las únicas formas de erradicar la preocupación es no luchar, ignorarla o huir de ella; sino afrontarlo en el momento presente y aceptarlo como la ilusión que es. Nunca puedes estar preocupado por algo que sucede en el momento presente que es imposible; sólo puedes preocuparte por el futuro, que siempre es ilusorio.

Escribir tus preocupaciones y los peores escenarios, si alguna vez se hacen realidad (lo que rara vez ocurre), es una excelente manera de sacar esos pensamientos de tu mente y llevarlos al momento presente, permitiéndote enfrentarlos, aceptarlos y observarlos.

15 minutos de silencio y respiración concentrada. Repite el mantra: "Las preocupaciones no son reales. Son solo pensamientos".

Día 27

Ejercicio:

. . .

Usando objetos que se puedan apilar (piedras, libros, cajas, recipientes, almohadas, etc.), apílalos lenta y cuidadosamente hasta que se caigan.

Cuando la pila se derrumbe, sonríe y ríe.

La vida de muchas personas se dedica a apilar cosas para lograr el objetivo del éxito, tal como lo define la sociedad. Las personas apilan posesiones, conocimientos, relaciones, títulos, dinero, trabajos, juguetes, negocios, experiencias, etc. Se estresan, luchan, se fatigan, compiten, se enferman y se ponen ansiosas y deprimidas a través del proceso de apilamiento; sin embargo, pocas personas han encontrado la felicidad. Así que la sociedad nos dice que si nuestro stack es alto y poderoso, habremos obtenido el éxito. ¡Qué engaño! ¿Qué estás apilando? o ¿qué te sientes obligado a apilar? ¿De qué manera tu antiguo apego a la relación apoyaba esa pila?

Permite que la pila caiga. Esta lección no fomenta la complacencia; sino que enseña que las relaciones reales, auténticas y satisfactorias sólo pueden ocurrir sin el estrés y la preocupación de apilar. Cuando apila, se enfoca en el futuro y en la importancia percibida de la pila; y luego hay que mantener ese montón de tonterías, que requiere mucha ansiedad y presión.

. . .

Concéntrate en tu experiencia en el momento presente; y si la pila se cae, entonces sonríe y ríe.

15 minutos de silencio y respiración concentrada. Repite el mantra: "Dejo que la pila se caiga".

Día 28

Ejercicio:

Enciende una vela y observa su llama durante 5 minutos. Míralo moverse y siente su calor. Aprecia su energía.

Ahora, apaga la llama.

(Si no tiene una vela, enciende un fósforo y apágalo, y si no tienes una vela o un fósforo, mira fijamente una luz tenue durante 5 minutos y luego apágala).

La temperatura de la llama de una vela pequeña (y la llama de un fósforo) es de alrededor de 1200 Celsius (que es alrededor de 2000 Fahrenheit). ¡Eso es mucha energía! Y en una fracción de segundo, se extinguió cuando lo sopló; o en el caso de la luz, apagó su fuente de energía. No hubo un proceso gradual con retrasos y paradas. Soplaste la llama altamente energizada, y eso fue todo de 1200 Celsius a inexistente en muy poco tiempo; o debería decir, en tiempo presente.

Creemos que nuestros apegos tienen mucha energía y poder.

No son sólo los viejos apegos a las relaciones, sino que todas las dependencias sobreviven gracias a este engaño del poder. La verdad es que los apegos no tienen energía como la llama de una vela, aunque tu mente puede haber sido engañada para creer que la tienen. La llama de la vela es real y poderosa; mientras que las dependencias son ilusorias y ficticias.

Con la misma facilidad y rapidez con la que apagaste la llama, puedes soltar un apego a una relación en el momento presente.

15 minutos de silencio y respiración concentrada. Repite el mantra: "La dependencia no es real. Se puede extinguir".

Día 29

Ejercicio:

. . .

Hazte reír durante 5 minutos. No dejes de reír. Puedes sentirte extraño, avergonzado o estúpido... no importa, solo ríete. Trata de reírte solo y sin la ayuda de una comedia o una broma. Si no sabes cómo empezar, empieza a hacer los ruidos que normalmente acompañan a tu risa.

¿Qué sentimientos experimentaste durante este ejercicio? Muchas personas informan que se sienten avergonzadas o tontas, lo cual es genial; sin embargo, la mayoría de las personas también reportan una sensación de alivio y optimismo cuando completan este ejercicio.

Al igual que mantener una sonrisa, reír durante 5 minutos es una forma fantástica de entrar en la conciencia del presente. Si lo piensas bien, el humor es necesario para la vida. ¿Qué tan triste está la persona que es incapaz de reírse de las experiencias de la vida? Después de todo, la vida es divertida, incluso las experiencias terribles y pésimas.

Si alguna vez vuelves a experimentar pensamientos y sentimientos adversos que acompañan a una ruptura, simplemente ríete de ellos. Considera cuán loca y frívola es la dependencia de viejas relaciones y sus reacciones ante ellas; realmente es una dependencia divertida. Ningún otro ser viviente en el planeta se aferra a viejos vínculos de relación. Toda la situación es cómica. Si percibes el viejo apego por lo que realmente es, una dependencia ficticia, poco práctica y frívola, entonces puedes abandonarlo fácilmente. Debes aprender a reírte de él.

Ríete genuinamente de la ruptura.
15 minutos de silencio y respiración concentrada. Repite el mantra: "La vida es maravillosa, divertida y real".

Día 30

Ejercicio:

Toma una hoja de papel (una que puedas conservar) y escribe todo lo que agradeces. Estas cosas no tienen que estar en ningún orden de importancia en particular.

Al lado de cada cosa que enumeres, escribe "Gracias".

La persona que no está agradecida por todo lo que la vida le da suele ser bastante miserable; y las miserias de ruptura prosperan en esa negatividad. La persona verdaderamente agradecida puede dejar ir cualquier cosa en cualquier momento. Una persona agradecida es siempre una persona feliz, así que practica la gratitud todos los días.

. . .

¿Alguna vez has escuchado a alguien decir: "Estoy muy agradecido por mi antiguo apego a la relación"? Nadie está agradecido por el apego de una relación pasada; lo cual es una clara señal de que es una dependencia malsana. Sin embargo, algunas personas han aprendido a estar agradecidas por la experiencia del momento presente.

No sólo no es saludable, sino que la dependencia de un apego a una vieja relación desalienta una mente y un alma agradecidas.

Con solo una vida para vivir en el momento presente, es importante enfatizar siempre un corazón agradecido. Pasa tiempo con personas agradecidas y haz cosas que alimenten un corazón agradecido en el momento presente. No vale la pena prestar atención a nada que aliente la miseria y la depresión.

Sé agradecido, siempre.

15 minutos de silencio y respiración concentrada. Repite el mantra: "Estoy agradecido. Estoy agradecido".

12

La Angustia Y Ser Padre Soltero

Si hay algo más difícil que pasar por una ruptura, es pasar por una ruptura cuando tú y tu ex tienen hijos. Necesitas hacer frente a tus sentimientos y también tienes que aconsejar a tus hijos sobre sus problemas. También tendrás que lidiar con ver a tu ex de manera regular e intentar cooperar con él o ella en temas como la custodia y la manutención de los hijos mientras tratas de ser un buen padre para tus hijos. Si esto suena difícil, es porque lo es. Sin embargo, no tiene por qué ser abrumador.

Incluso podrías salir de la ruptura como una mejor persona y un mejor padre.

Como persona soltera con hijos, no estás sólo. Los datos del censo de 2006 revelaron que 12.9 millones de familias eran familias monoparentales. También según el censo, el 80 por ciento de estas familias tienen una mujer como madre soltera.

El punto de vista de un niño

Antes de entender cómo sobrellevar una ruptura cuando tienes hijos, primero comprende cómo piensan los niños. Esto requiere profundizar brevemente en el campo de la psicología del desarrollo. La pregunta, sin embargo, es ¿cuál teoría de la psicología del desarrollo?

¿Es la teoría del desarrollo de Freud más adecuada que la de Jung para comprender las etapas emocionales del desarrollo infantil? ¿Qué pasa con las etapas de desarrollo psicosocial de Erikson o las etapas de desarrollo cognitivo de Piaget?

Aquí hay un resumen del desarrollo infantil, con énfasis en cómo una ruptura afecta a los niños.

Desde el nacimiento hasta los 18 meses

Un niño que acaba de nacer está casi indefenso. Como resultado, rápidamente aprende a confiar y depender de sus padres para mantener su bienestar. Debido a esta dependencia y confianza, se forman lazos emocionales que le darán al niño una sensación de bienestar y mantendrán al mínimo su sentido de temor sobre el futuro. Sin embargo, desarrollar confianza no es algo que suceda automáticamente. Los padres deben esforzarse en cuidar a su hijo. Los niños que carecen de este vínculo de confianza tienen problemas con su desarrollo emocional más adelante en la vida.

Incluso los bebés pueden detectar tensión entre sus padres, pero no podrán entender por qué. Esta tensión puede romper los lazos de confianza y, como resultado, el niño puede ponerse tenso o nervioso. Como resultado, también pueden evitar conocer gente nueva. Para frenar este efecto, dedica más tiempo a tranquilizar a su hijo.

Sostenerlo es una forma de disminuir la tensión y también pasar tiempo mientras sostienes a tu hijo para asegurarle que las cosas están bien.

De 18 Meses a 3 años

Esta es la etapa también conocida como los "terribles dos años", que es cuando los niños comienzan a darse cuenta de que son individuos y quieren explorar su independencia. Puede ser exasperante para los padres, pero los niños se dan cuenta de que son seres distintos en comparación con sus padres, y negarse a hacer algo es parte de la exploración de su independencia. Los niños también aprenden a hablar durante este tiempo. Por último, también se interesan por el mundo que les rodea, lo que les lleva a interesarse mucho por explorar su entorno.

Los efectos de una ruptura

Durante este período, es posible que los niños no noten tanta tensión en el hogar como los bebés; están más interesados en que se atiendan sus necesidades inmediatas.

Sin embargo, los niños ya han formado un vínculo sólido con sus padres, y la partida de uno de los padres puede ser difícil para el niño. Los niños a esta edad también necesitan tener estabilidad y previsibilidad en su entorno, dos cosas poco comunes en un divorcio. Este es un obstáculo difícil de superar, pero se puede lograr si los padres se toman el tiempo para establecer rutinas para los niños a esta edad. Los padres también deben hablar sobre la ruptura con el niño y asegurarse de que él o ella entienda que no es responsable de la decisión de los padres de separarse.

De 3 a 5 años

En esta etapa, los procesos de pensamiento de los niños se vuelven más complejos. Están desarrollando un gran interés en explorar y aprender sobre su entorno y también están comenzando a dominar un idioma.

. . .

Desafortunadamente, una ruptura de los padres no será más fácil para los niños a esta edad. Durante este tiempo, los niños creen que controlan por completo su entorno, lo que significa que es probable que sientan que son responsables de la ruptura de sus padres, y también pueden reaccionar mal cuando se dan cuenta de que no pueden detenerlo.

Lo mejor que pueden hacer los padres es ser lo más abiertos posible con los niños sobre la ruptura y modelar un comportamiento positivo. Si los niños ven que tú te estás adaptando bien al divorcio, ellos también lo harán.

Debido a que los niños a esa edad también se están convirtiendo en buenos oradores, habla con tu hijo al respecto.

Asegúrale que todo estará bien con palabras y con abrazos también es bueno.

De 6 a 11 años

En esta etapa, los niños son presentados a sus compañeros.

. . .

Como resultado, los padres pueden notar que sus hijos empiezan a distanciarse de ellos. Debido a que los niños interactúan con más personas, también estarán expuestos a puntos de vista y pueden hacer preguntas inapropiadas o controvertidas.

En esta etapa, los niños son conscientes de los efectos de una ruptura, pero es posible que no entiendan que los padres solo se separan entre sí, no del niño. Esto puede crear sentimientos de abandono. Los niños también pueden ponerse del lado de uno de los padres sobre el otro, incluso cuando la decisión de separarse fue mutua. Durante este tiempo, los padres deben mantener un horario predecible para mantener la sensación de seguridad del niño lo más intacta posible. También deben dedicar tiempo a discutir la situación con su hijo y ayudarlo a comprender que ninguno de los padres tiene la culpa. Nuevamente, la apertura es crucial.

De 11 a 18 años

También conocida como adolescencia, los años de la adolescencia son cuando los niños comienzan a convertirse en adultos, enfocándose en establecer sus identidades, salir de la red de seguridad y cambiar el enfoque de sus vidas a sus amigos en lugar de a sus padres.

. . .

Los adolescentes también comienzan a pensar de manera abstracta y se forman sus opiniones. Esta etapa no es rebelarse contra los padres, sino explorar y tratar de descubrir cosas por sí mismos.

Aunque los adolescentes están explorando su independencia y poniendo más énfasis en sus amigos, todavía se sentirán heridos cuando sus padres se separen. Pueden sentir ira para proteger la situación. Sus sentimientos pueden hacer que actúen de manera impredecible, desde tratar de racionalizar culpar por completo a uno de los padres por la ruptura hasta un intento de aprovechar la culpa que sienten ambos padres por tener al adolescente involucrado en la ruptura. Los adolescentes preferirán lidiar con estos sentimientos por sí mismos, pero los padres deben estar disponibles para hablar con su adolescente y brindar orientación, sin importar cuán poco lo desee el adolescente.

13

Establecer Metas Y Hacer Un Balance De Tu Vida

En medio de tu ruptura, cuando las olas de ira y depresión hayan disminuido y tú te quedes solo con tus pensamientos, te preguntarás exactamente qué estás haciendo con tu vida. Si te han roto el corazón, la respuesta es: "No tengo ni idea".

Incluso las personas Tipo A, impulsadas por objetivos son propensas a sentir una falta de dirección en sus vidas cuando sus relaciones terminan. Es entendible. Después de todo, cuando terminas una relación, necesitas tiempo para procesar quién eres sin tu ex, y las personas colocan su identidad en sus relaciones románticas.

Uno no es el número más solitario

. . .

Cuando terminas una relación, una cosa que atormenta a los nuevos solteros es la cuestión de si volverán a encontrar a alguien o si vivirán solos.

Si has tenido estos pensamientos, sabes cómo son: pesadillas de ser la quinta rueda en las fiestas, ir al cine solo y ver cómo sus amigos se emparejan con otras personas y eventualmente lo dejan solo, hasta que parece que tu única opción es convertirte en un recluso. Tener una casa llena de gatos es una opción.

La paradoja de estar mentalmente preparado para salir de nuevo es que debes aceptar que estar soltero está bien. Si sientes que estar solo es una maldición que debe terminarse lo antes posible, podrías terminar cayendo en una trampa. En el peor de los casos, podrías salir con alguien que se aprovecha de tu deseo de estar con alguien y te utiliza.

También podrías alejarte de posibles citas porque tu desesperación eclipsa tus buenos puntos. Podrías salir con alguien que está igualmente desesperado por no estar solo, dejándolos a los dos en una posición menos que óptima de aferrarse el uno al otro, en lugar de que ambos se evalúen mutuamente según sus méritos como socios potenciales.

Por otro lado, si te sientes cómodo estando solo, no das la impresión de estar desesperado. Más importante aún, puedes evaluar a las personas con las que te gustaría salir por sus méritos, no simplemente estar satisfecho porque aceptaron salir contigo. Cuanto más contento estés por tu cuenta, mayores serán tus posibilidades de encontrar a alguien con quien salir.

14

¿Cómo Encontrar El Amor De Nuevo Después De Una Ruptura O Divorcio? Comprender La Psicología

Entonces te estás preguntando cómo volver a encontrar el amor después de una ruptura. No te preocupes, te demostraré que volver a encontrar el amor es más fácil de lo que pensabas.

¿Cómo volver a encontrar el amor incluso después de un divorcio o una ruptura?

Consejo #1: Acepta que tu relación pasada está terminada

Hay un principio psicológico detrás de esto. El proceso de recuperación no ocurrirá hasta que tu aceptes tus pérdidas.

Este principio se aplica a todo tipo de pérdidas.

. . .

Supongamos que inviertes algo de dinero en la bolsa de valores. Durante todo un año, cada vez que revisas tus acciones, ves que sus precios están bajando. Te sientes mal y piensas que deberías haber invertido tu dinero en otro lugar.

Te sientes mal por tus pérdidas en el mercado de valores. Un día ves que el mercado de valores se derrumba y pierdes todo el dinero que invertiste. Dime, ¿qué podrías hacer tú en esta situación?

Puede que te sientas mal por un tiempo, pero después intentarás encontrar otras formas de invertir y levantar tu dinero. Lo mismo sucede cuando te involucras en una relación equivocada. Le das lo mejor que puedes a la relación para que sobreviva, pero no sobrevive y tú finalmente enfrentarás una ruptura dolorosa.

En esta etapa, si aceptas la ruptura, encontrar el amor nuevamente no será demasiado difícil para ti. Sin embargo, si no logras salir de la etapa de negación y te mantienes despierto soñando con los hermosos días de antaño, entonces la posibilidad de encontrar el amor nuevamente será muy pequeña para ti.

Entonces, el punto clave a recordar es aceptar tus pérdidas.

. . .

Consejo #2: No repitas el mismo error

Los recuerdos dolorosos se desvanecen a medida que pasa el tiempo. No recuerdas el dolor que sientes ahora mismo después de cinco años.

Para que esto suceda, debes hacer una cosa que es no repetir el mismo error que podrías haber hecho o cometiste en tu relación pasada.

Cada fracaso nos enseña una nueva lección. Ganamos experiencia de nuestros fracasos. Pero solo las personas sabias se aprovechan de sus fracasos y aprenden lecciones de ellos.

Cuando empiezan de nuevo no repiten los mismos errores que los llevaron al fracaso. Y luego se vuelven exitosos.

Cuando se trata de aprender a encontrar el amor nuevamente después de una ruptura, debes hacer lo mismo. No repitas los errores que hicieron que tu relación sufriera mucho. Aprende de tus errores.

. . .

No elijas a alguien como tu pareja solo porque se ve bien o porque tiene fama. Elegir un compañero de relación basado en un solo factor puede ser un gran error.

Consejo #3: No te conviertas en un búho

Algunas malas experiencias cambian nuestros pensamientos sobre una cosa determinada, espero que no te pase a ti.

Algunas mujeres afirman que todos los hombres son perros.

Como sé mucho de psicología, encuentro que sus afirmaciones se basan en lo que vivieron y no es lo que es cierto.

Encuentro que esas mujeres se sienten atraídas por los idiotas (por algunas razones desconocidas); más tarde se convierten en víctimas de la infidelidad. Por lo tanto, adoptan un concepto erróneo de que todos los hombres son perros.

Un búho duerme todo el día por lo que no puede ver el sol.

Esto le hace creer que el sol no existe. Espero que no pienses como es un búho.

. . .

Si encontraste una pareja equivocada en el pasado, eso no significa que no haya buenos hombres o mujeres en la tierra.

Solo significa que aún no has logrado atraer a alguien bueno del sexo opuesto.

Hay muchas buenas parejas por ahí que están esperando a alguien tan bueno como tú.

¿SE PUEDE ENCONTRAR EL AMOR VERDADERO TRAS UN DIVORCIO?

Un divorcio supone un fracaso de la relación de pareja, pero no debes dejar que la palabra fracaso te defina en el amor. Hay vida después del divorcio, una vida que puede ser mucho mejor que la que tenías porque todo depende de ti y de tu actitud.

Pero ¿qué pasa con el amor en esta nueva vida? Nos estamos preguntando si se puede encontrar el amor verdadero tras el divorcio.

Dependiendo de lo traumático que haya sido el divorcio o incluso la propia relación de pareja, muchas mujeres deciden olvidarse del amor tras la separación. Algunas experimentan no solo escepticismo en cuanto a la pareja, sino que rodean su corazón de una capa de rechazo hacia el género masculino que les impide enamorarse de nuevo. Y no nos extraña en ciertos casos, pero hay que procurar pasar página.

Muchas mujeres se preguntan si alguna vez volverán a enamorarse después de semejante batacazo sentimental. La respuesta es claramente sí. Y no solo pueden volver a ilusionarse con un hombre o a enamorarse como unas adolescentes, sino que además pueden encontrar el amor verdadero. Porque el amor, dicen, se puede encontrar en cualquier lado y en cualquier momento. Y para que sea verdadero sólo hace falta que tú lo creas.

Y es que el amor verdadero no es ese amor de película o ese amor que dura para toda la vida. Un amor verdadero es ese amor en el que tú misma crees. Después del divorcio, seguramente tus estándares a la hora de elegir pareja se elevarán un poco o un mucho, así que tienes más posibilidades de que esta vez sí salga bien. La exigencia en el amor es excelencia, así que no bajes nunca el listón, si acaso súbelo.

Ahora bien, para encontrar el amor verdadero tras el divorcio debes hacer un ejercicio complicado. Debes olvidarte de pensar que todos los hombres son iguales y que además todos ellos se parecen a tu exmarido, porque no es así. Repetirás este mantra cada día antes de salir de casa:

'todos los hombres no son iguales'. Lo repetirás una y mil veces hasta que te lo creas que será precisamente el día que conozcas a ese amor verdadero.

CINCO TIPOS DE HOMBRE QUE HAY QUE EVITAR DESPUÉS DE UN DIVORCIO

Si no has encontrado aún al hombre definitivo eso es porque siempre has encontrado al hombre equivocado. No pasa nada, la vida se nutre de experiencias y cada día eres un poco más sabia en esto de las relaciones de pareja. No hay por qué arrepentirse de ciertos exnovios, pero debes asegurarte de no lamentar en exceso tus errores sentimentales. Estos son 5 tipos de hombre que debes evitar.

Los hombres que no te convienen

La lista de hombres que no te convienen sería bastante extensa, lo que no deja de ser una pena. Pero hemos elegido 5 tipos que frecuentan tu calle, tu barrio, tus bares y hasta tu trabajo de los que te conviene estar lo más alejada posible.

1. **El misterioso.** Llevas tres semanas con él y aún no sabes nada de él. Siempre acabas en tu casa, nunca te has encontrado con algún amigo suyo y te acabas de dar cuenta de que no sabes ni su apellido. Desconfía si además muchas veces

no está disponible o tarda en contestarte los mensajes. Una cosa es mantener cierto grado de misterio y otra muy distinta esconder detalles importantes.

2. **El bipolar.** Hoy te quiere y te hace ver que eres lo mejor que le ha pasado en su vida. Mañana te ignora miserablemente y tú no puedes decir nada porque aún no tienes una relación de pareja. El pasado vuelve a quererte con locura pero no te da ninguna explicación. Esos vaivenes emocionales no son saludables, así que aléjate lo más que puedas. Mucho cuidado con los hombres géminis, que son muy dados a este tipo de tendencias bipolares.

3. **El superman.** Superman no es que lo pueda todo, es que cree que lo puede todo. Él es mejor que nadie en todo. Debido a su acertado criterio en todo él elige la cena, la película, el destino de las vacaciones y hasta la postura en vuestros encuentros sexuales. Superman o señor egocéntrico o Don tengo un complejo de Narciso que no hay quién me aguante. Efectivamente, no lo aguantes.

4. **El herido.** Pobrecito este hombre al que una mala mujer le rompió el corazón. Vive tan torturado por ser tan sensible que ahora que apareces tú le ha dado por rodearse de una coraza de hierro que nunca nunca podrás traspasar. Al final de tanto quejido lastimero te va a dar tanto miedo hacerle daño que lo mejor

será salir corriendo antes de que tú seas la siguiente mala mujer en su vida.
5. **Christian Grey.** El éxito de la literatura erótica ha afectado seriamente las neuronas de algunos hombres. Esos hombres que se creen Christian Grey en la cama imaginan que absolutamente todas las mujeres suspiran por un tipo dominante que las haga pasar noches inolvidables de sexo duro. Señores, lo mejor de Christian Grey es su jet privado.

GENERAR CONFIANZA EN UNA RELACIÓN: ALGUNOS CONSEJOS ÚTILES

Estamos viviendo una época en la que todos quieren disfrutar de la gratificación instantánea, incluso en lo que respecta a nuestra vida amorosa, encontrar una pareja debe ser rápido y fácil de hacer. No hay nada de malo en pensar de esta manera, pero llegará un momento en que se presenten problemas de confianza, especialmente en las relaciones íntimas. La confianza es lo único que debe ser sólido para que una relación sobreviva y la confianza genuina solo se puede ganar si ambos están listos para actuar. Entonces, si estás lidiando con problemas de confianza en tu relación, aquí hay algunos consejos sobre cómo hacerlo.

. . .

1. Mantengan una comunicación constante entre ustedes:

Al comunicarse más con tu pareja, poco a poco ganarán confianza el uno en el otro. La simple conversación ocasional no es buena para su relación, especialmente si ambos están trabajando y están fuera de casa con bastante frecuencia. Ten en cuenta que la fidelidad es segura si siempre estás en la mente y el corazón de tu pareja. Una forma de hacer que la comunicación fluya es reservar un tiempo para que ambos se sienten y hablen, incluso si es por correo electrónico, teléfono, mensajes de texto o comunicación cara a cara, es una parte importante de ganarse la confianza el uno en el otro.

2. Salgan juntos con más frecuencia: incluso las personas más ocupadas necesitan darse un respiro y salir con su ser querido.

No tiene sentido estar en una relación si ustedes dos no llegan a verse y es por eso que muchas personas creen que las relaciones a larga distancia no pueden funcionar. Verse tanto como sea posible, ya sea en los días libres o en las noches después del trabajo y salir a lugares en ese momento, genera una sensación de seguridad en una relación y demuestra que su asociación es oficial y no oculta. Convierte esto en un hábito en tu relación para que se aseguren de pasar suficiente tiempo juntos, incluso si ambos tienen responsabilidades externas.

3. Presentale a tu pareja tu mundo: al presentarle a tu pareja lo que haces día a día y las personas que has conocido a lo largo de los años, la confianza en su relación será mucho más fuerte.

Muéstrale a tu pareja que quieres que sepa todo en lo que estás involucrado y que también quieres que conozca a tus amigos.

4. Deje que fluya el romance: tu pareja confiará más en ti si eres un poco más romántico con ella. Al hacer cosas consideradas y amorosas con tu pareja, harás que tu relación crezca para que ustedes dos sean más unidos entre sí.

5. Recuerda siempre decirles que los amas Para algunas personas, esta es una de las cosas más difíciles de decir, incluso a su otra mitad, y se sienten un poco incómodos al hacerlo. Pero al decirle a tu pareja que realmente la amas le aseguras que le eres leal asegurando su confianza en ti. Recuerda que hay muchas, muchas maneras de decir "Te amo" y, a veces, las formas sutiles son las mejores. No te preocupes por las palabras, ya que muchas veces el amor es mejor sentirlo que escucharlo.

15

Lecciones Valiosas Después De
Una Ruptura Amorosa

Pregunté a varias personas por su aprendizaje en ese tiempo en el que cortaron con su ex. Cosas que, a base de ensayo y error, entendieron que no ayudaban a superar la separación y cuya enmienda aplicaron en rupturas siguientes. A continuación te mostramos 9 historias que espero te sirvan de ejemplo.

Le cambiamos el nombre a todas ellas para cuidar su privacidad.

1. No es el fin del mundo. Alejandra, 30 años, cuidadora

A ella la ruptura con su primer novio, el primero con el que mantuvo una relación larga, le ayudó a entender que: aunque en el momento parezca que no hay salida, que es el fin del mundo y que no vas a encontrar a nadie que te guste tanto, o esa idea tóxica de que 'nadie te va a querer igual', al final no lo es.

Cuando después ha tenido más historias lo ha visto de otra forma. Ella sabía que el mal rato acabaría pasando y que era cuestión de tiempo.

Eso también le hizo valorar estar sola y tranquila. Y tener rechazo por cualquier tipo de abuso. Le ha dado seguridad y ahora consiente muchas menos cosas que antes consentía porque pensaba que si su relación terminaba sería el fin del mundo. Ahora sabe que no y no se conformo con poco.

2. Nada de 'personas tirita'. Julián, 38 años, profesor universitario

Cuando Julián ha estado con chicas en relaciones que, aunque no fueran novias formales como tal, le han gustado o la cosa ha durado y luego lo hemos dejado porque no funcionaba o no avanzaba, normalmente ha habido ese primer impulso de intentar conocer a otra persona. Es también a lo que nos empuja la sociedad: 'un clavo saca otro clavo'.

Con las dos últimas rupturas que ha tenido ha visto que eso no le funciona para nada y lo intenta evitar.

. . .

El dijo que: Si doy dos pasos hacia adelante en la recuperación y luego me acuesto con alguien es como dar cuatro para atrás.

Como quitarte la droga. Para quitar el mono, mejor acostumbrarte a estar en tu nueva movida.

No puedo intimar y prefiero pasar el duelo solo porque es la manera de no taparlo y porque cuando he hecho algo estando muy mal porque ha surgido así, luego el bajón ha sido mayor. Al estar vulnerable estoy más expuesto y si luego me gusta un poco esa persona, pasa de mí o no sale bien... No quiero complicarme aún más la vida en momentos de ruptura.

3. La mudanza, de raíz. Adriana, 28 años, diseñadora

Adriana ha estado viviendo más de dos años en pareja con su ex. Antes de eso no había vivido tanto tiempo con ningún novio (aunque había tenido convivencias intensas pero teniendo cada uno su casa). Al dejarlo ella se ha quedado en la casa en la que vivían y cree que la decisión más sabia que ha tomado ha sido que, el día que saliese por la puerta, no volvería a entrar.

Aunque él ya había encontrado piso unos días después de que lo dejarán, ha preferido convivir, durmiendo separados, algunos días hasta que él pudiera hacer la mudanza definitiva de una sola vez y mientras ella estuviese fuera de la ciudad. Eso de que mientras se estuviera mudando pudiera entrar y salir de su casa (porque ya sería de ella) a sus anchas y de que pudiera hacerlo además como trampa para no desaparecer del todo de su vida, la agobiaba. Esto se lo hizo más fácil, pero también dijo que: volver y que de repente ya no quede nada suyo, también duele muchísimo.

4. Poner límites. Sandra, 32 años, farmacéutica

"Si lo hemos dejado, lo hemos dejado y punto." Fue el consejo de su terapeuta cuando acabó con su novio después de cinco años y luego lo ha hecho con cada relación más o menos seria que ha ido teniendo. Para ella lo mejor es: decirle a la otra persona que al dejarlo no te puede estar escribiendo siempre que se le antoje porque no te hace bien, decirle que mejor no verse y cumplirlo y que tiene que cambiar su manera de tratarte.

A ella le pasaba que se quedaba de ver varias veces después de terminar con su ex y le hacía cariñitos: le tocaba el pelo, le agarraba la mano. Para ella eso no podía ser, la cosa había cambiado y ya eran pareja, así que no la podía tratar igual como cuando estaban juntos. Tenía que marcar límites.

5. Cortar la comunicación. Alicia, 26 años, filóloga inglesa

. . .

Nada de llamadas, ni mensajes, ni nada. Lo mejor es cortar directamente toda comunicación. Al menos durante los seis primeros meses. Y si después se quiere intentar volver a ser amigos o simplemente, llevarse bien, se puede intentar. Mi ex, que ha sido el único novio así serio que he tenido antes de mi pareja actual, me dejó de una forma horrible y muy directa y desde ese momento no nos volvimos a hablar más porque yo, que estaba muy dolida, jamás le escribí ni él tampoco. Y creo que funcionó.

De lo que sí me di cuenta es de que ese punto y final de la comunicación también tenía que ser con los amigos en común, eran sus amigos en realidad pero yo me había hecho amiga de algunos por el tiempo en que estuve con él. Quedé con una de estas chicas un día para tomar algo y acabamos hablando de mi ex prácticamente toda la noche. No me sentí muy cómoda así que, en mi opinión, aconsejo cortar la comunicación también con su entorno hasta que pase la tormenta.

6. Ruptura contundente y sin puertas abiertas. Jorge, 31 años, periodista

He terminado recientemente con la que ha sido mi primera pareja seria tras tres años de relación. Yo venía de un año complicado en el que he estado muy bajo de fuerzas y teníamos unas vacaciones programadas juntos que no queríamos perder, así que decidimos irnos. Lo dejé a la vuelta, es algo que tenía muy decidido y fui contundente y directo al respecto. Pero al decírselo, él se puso a llorar, yo también, me hizo chantaje emocional y me ablandé. Ahí fue cuando cometí el error de dejar la puerta abierta a una reconciliación.

Él, por su trabajo, lleva un tipo de vida nómada y se iba fuera durante casi un mes. En ese tiempo, aunque hablábamos menos, por comentarios y por su intención de venir a mi cumpleaños y volver a vernos para hablarlo, me di cuenta de que él pensaba que estaba mucho más abierta de lo que estaba en realidad yo siempre había tenido claro que quería acabar la relación. Así que tuve que hacerlo definitivo por WhatsApp, que no es la mejor vía pero no quedó otra por la distancia. Por mensajes le pedí que cuando llegara, al día siguiente agarrará su maleta con sus cosas y se las llevará.

Lo que pasó ese domingo después de que se fuera con sus cosas fue la peor parte, un segundo luto que me ha tenido una semana sin poder dormir. Lo que aprendo de todo esto es que es mejor estar preparado y mantenerte firme en tus decisiones porque no va a ser fácil de ninguna manera y siempre sufren las dos partes.

. . .

7. Las segundas partes nunca fueron buenas. Mirna, 36 años, fotógrafa

Suena a tópico pero para mí es verdad. He tenido varias parejas, chicas y chicos, que han durado una media de año y medio o dos años cada una. Mi primera relación fue claramente más tóxica que las siguientes, y así han sido las rupturas, menos turbias gradualmente. Con el primero hubo muchas idas y venidas y eso que lo había dejado yo misma porque tenía claro que no quería seguir. Y aún así volví porque se me hacía bola, porque por momentos lo echaba de menos o a veces porque me dejaba arrastrar por las circunstancias. Y nunca iba a mejor porque, como he dicho, lo dejé teniendo claro que no quería estar con él.

La novia que tuve después, que fue una relación de pocos meses pero muy intensa, también me costó, y tuvimos un segundo intento aunque yo, igualmente, sabía en el fondo que no quería seguir. Así que ahí ya aprendí la lección: segundas partes no. Ahora lo que hago es pensar de verdad si estoy segura de que quiero que acabe y en el momento de romper, tener más presente esas sensaciones y sentimientos que mientras estaba con ellos me hacían decir 'no quiero seguir', para no perder el norte. Mucho mejor, me siento más madura.

8. Ocultar en las redes sociales. Reyna, 24 años, profesora de inglés

. . .

No me siento bien eliminando a mis ex de las redes sociales porque puede parecer una falta de respeto y tampoco es eso.

Pero lo que hago y me suele ir bien para mi salud mental es ocultar sus nuevas publicaciones para que no aparezcan en mi línea del tiempo. Reconozco que a veces aún así los he buscado y he entrado a sus perfiles porque me podía la curiosidad por saber qué están haciendo con su vida. Pero luego me he dado cuenta de que no me sentía muy bien por ello. Todos esos pensamientos sobre si tendrá nueva novia, investigando, son bastante tóxicos y al final tengo que seguir mejorando mi fuerza de voluntad. Tengo claro que si me controlara más en eso de stalkear y de verdad fuera consecuente con haberlo ocultado de mi vista en las redes sociales, superaría todo esto antes.

9. Pensar en mi ex no tiene por qué ser malo. Rafael, 28 años, publicista

Mi última ruptura sería tras una relación en la que compartíamos casa, amigos y mucha vida en común fue hace dos años.

Sin embargo, poco a poco, mes a mes y así hasta ahora, he aprendido que la ruptura no es solo superar el luto, colocar las cosas en las estanterías nuevas, reconciliar amistades, conocer nuevos cuerpos y cortarse el pelo.

Me he dado cuenta de que todas las veces que lo más insignificante me recordaba a él, que mi subconsciente me traicionaba y me traía su espalda en la cocina con el trapo en el hombro no eran recaídas, ni banderas rojas de que me había equivocado y seguía enamorado. Sino que todos los días desde aquella conversación en el sofá forman parte de la evolución, el aprendizaje y la asimilación.

Lo más valioso de la ruptura podría decirse que ha sido aprender de la relación y de las decisiones que se tomaron. Saco crecimiento del autoconocimiento y recompensa al darme cuenta de que tomé decisiones correctas: desde dejarlo, pasando por mantenerme fiel a la idea y no escribirle o montarme pelis sobre volver, hasta llegar a ver los frutos de todo el proceso que he pasado.

Creo que de estas situaciones podemos aprender de los errores que todos ellos cometieron y responder de una manera parecida a nuestra situación.

16

La Depresión Por Una Ruptura De Pareja

Vivir en pareja es una experiencia que puede ser extremadamente gratificante. Sin embargo, el amor y las relaciones de pareja también son algo complejo, y es probable que en más de una ocasión las cosas no funcionen y la relación finalmente llegue a su fin.

El fin de una relación de pareja es algo que por lo general genera gran dolor y tristeza, hasta el punto de que a menudo las personas indican tener depresión por la ruptura. Pero, aunque evidentemente la experiencia no es (por norma general) gratificante y es habitual que existan síntomas parecidos…

¿Realmente existe una depresión por ruptura? ¿por qué suele considerarse como tal? ¿Puede surgir una depresión por este motivo? ¿Cómo intentar combatirla?

. . .

La depresión mayor

Antes de entrar a valorar las posibles reacciones afectivas que pueden surgir tras sufrir una ruptura amorosa, cabe comentar en primer lugar de qué estamos hablando cuando nos referimos a una depresión. Esto es necesario, dado que a menudo se toman por depresiones reacciones normativas o incluso estados de ánimo en que abunda la tristeza pero que no cumplen los criterios para llegar a ser una verdadera depresión.

Recibe el nombre de depresión mayor uno de los trastornos mentales más frecuentes y prevalentes a nivel mundial, el cual se caracteriza por la presencia de un estado de ánimo tristes y/o de la falta de capacidad de percibir gratificación o placer, incluso de aquellas actividades que anteriormente nos entusiasmaban.

Además de estos síntomas, es habitual la presencia de una fuerte desesperanza con respecto al futuro, sensación de culpa e inutilidad (que incluso pueden llegar a ser de tipo delirante), pasividad extrema, tendencia al aislamiento, problemas de sueño, pérdida de apetito y peso, pérdida de energía y fatiga, enlentecimiento físico y mental, problemas de concentración, agitación psicomotora y pensamientos de muerte y suicidio.

Estos síntomas, y especialmente los dos primeros, se encuentran presentes durante la mayor parte del día de casi todos los días a lo largo de como mínimo dos semanas y no pueden deberse al consumo de sustancias o a otras alteraciones como la presencia de problemas psicóticos.

Parte de estos síntomas pueden surgir como respuesta a situaciones concretas, concretamente la tristeza, problemas de concentración o pérdidas de peso, apetito y sueño. Pero por norma general no se consideran parte de una depresión mayor a menos que excedan la reacción normal para la pérdida que supone, en este caso el cese de la relación.

La depresión por ruptura sentimental

No cabe duda que una ruptura sentimental es una experiencia que puede ser dolorosa e incluso traumática dependiendo de las circunstancias que la rodeen. Especialmente si no es de mutuo acuerdo y una de ellas quiere seguir con la relación. Y aunque por lo general la situación resulta muy dolorosa para la persona dejada, también puede ser difícil para quien deja. En la mayoría de los casos genera una gran tristeza, sufrimiento y dudas, así como una pérdida de ganas de hacer cosas y un aumento de la tendencia a aislarse.

Ahora bien, hay que tener en cuenta que no existe una "depresión por ruptura" como etiqueta diagnóstica. De hecho, aunque sí que existen depresiones reactivas a determinados sucesos y una ruptura sentimental puede llegar a ser un desencadenante de una depresión mayor, en la mayoría de casos lo que experimentamos es un proceso de duelo.

Es decir, mayoritariamente estamos ante algo normal y no patológico, ya que acabamos de sufrir una pérdida de algo con lo que hasta el momento contábamos y que era en principio importante para nosotros.

Y dicho duelo puede requerir de un largo proceso para alcanzar la aceptación de dicha ruptura, en las que se puede pasar por diferentes fases.

En este sentido, es habitual que tras la ruptura se pase en primer lugar por una etapa de negación de la nueva situación, en la que no experimentemos ninguna reacción emocional a la ruptura porque no acabamos de procesarla como algo real.

Posteriormente es posible que aparezca una fase de ira surgida de la frustración, en la que puede que aparezca rabia y culpabilización hacia uno mismo o hacia la otra persona, o incluso puede dirigirse hacia el resto del mundo aunque no tenga nada que ver con la situación.

Puede aparecer una fase de negociación, de búsqueda de alternativas a nivel mental, de pensar qué podría haberse cambiado la situación para que no ocurriera la ruptura o incluso de intentos de recuperar a la persona.

Tras ello vendría la fase depresiva, que sería la que más habitualmente la población suele considerar como "depresión por ruptura": en esta fase es posible que experimentemos tristeza, falta de ganas de hacer cosas, fatiga y apatía, pensamientos rumiativos respecto a la otra persona, problemas de sueño o falta de apetito.

Finalmente, la última fase sería la de aceptación: en ella poco a poco se termina por procesar y aceptar que tendremos que vivir nuestra vida sin que la otra persona esté en ella como pareja. Con el tiempo el dolor de la ruptura va remitiendo y con ello se recuperan las energías y se supera el duelo.

Es conveniente dejar pasar un tiempo antes de volver a verse con nuestra expareja, de cara a que podamos separar lo que significa esta persona para nosotros (si la ruptura fue positiva, es posible mantener cierta relación e incluso volver a ser amigos, si bien se recomienda que esto no se intente hasta mucho después) de lo que una vez fue.

¿Cuándo aparece este trastorno?

. . .

Aunque como hemos dicho en la mayor parte de casos estamos ante un proceso normativo de duelo, propio de la pérdida del tipo de relación que teníamos con esa persona, lo cierto es que existen ocasiones en las que podemos pasar a desarrollar una auténtica depresión. Ello ocurre cuando el proceso de duelo no termina de cerrarse, de manera que quien lo sufre no consigue llegar a la fase de aceptación y superar su malestar.

Concretamente, estaríamos hablando de una depresión reactiva o situacional, o de un trastorno adaptativo con características depresivas (si bien también puede presentarse con ansiedad o de manera mixta), en el que se manifiesta sintomatología depresiva y/o ansiosa derivada de una vivencia concreta que no somos capaces de superar y sin la cual el problema no existiría.

Esta alteración genera una gran disfuncionalidad en diferentes ámbitos. De hecho, el cuadro podría acabar convirtiéndose en una depresión mayor, volviéndose un desencadenante de esta.

Aunque determinar una fecha aproximada para superar un duelo es un tanto artificial (cada uno tenemos nuestro ritmo para superar las cosas), podemos sospechar de la existencia de una depresión causada por la ruptura cuando después de este evento nuestro estado de ánimo es triste la mayor parte del día de la mayoría de días, sufrimos alteraciones del sueño severas (insomnio o somnolencia excesiva), discurso y pensamiento enlentecidos, baja autoestima, y desesperanza con respecto al futuro.

También es habitual la presencia de distorsiones cognitivas que perpetúan el malestar y que incluyen una visión aversiva respecto a uno mismo, el mundo y el futuro, sentimientos de inutilidad, incapacidad para tomar decisiones o ejercer las actividades del día a día, evitación del malestar y el dolor que genera la ruptura (en ocasiones con conductas extremas o compulsivas, como por ejemplo búsqueda compulsiva de relaciones sexuales o consumo de drogas), aislamiento extremo y/o pensamientos de muerte y suicidio, entre otros.

Aunque muchas de estas alteraciones también ocurren durante el duelo, será en la depresión cuando más extremos, intensos y acentuados sean. Además en la depresión estos síntomas no se calman con el tiempo sino que permanecen, o incluso se puede llegar a ver cómo van intensificándose según pasa el tiempo.

¿Qué hacer? Pautas para superar la tristeza

Superar el dolor de la ruptura tiene su proceso y hay que respetarlo, pero en dicho desarrollo podemos incorporar diferentes tipos de estrategias para evitar que el dolor psicológico se cronifique o que el duelo se convierta en algo más serio e incluso una depresión.

Intenta practicar actividades agradables

Cuando estamos deprimidos o incluso durante periodos de duelo, es normal que puedan llegar a reducirse las ganas de hacer cosas. Ahora bien, aunque nos cueste debemos forzarnos a buscar gratificaciones y cosas que nos motiven. Si es necesario, algo en apariencia tan simple como dar un paseo buscando un solo estímulo o elemento positivo que recordar.

También podemos intentar explorar y descubrir actividades y lugares nuevos. Que la otra persona no esté en nuestra vida no quiere decir que no podamos disfrutarla.

Apóyate en los tuyos y evita aislarte

Otro elemento habitual cuando estamos tristes o deprimidos es que surja la tendencia a aislarse o a querer estar solo. Lo cierto es que ello puede ser bastante perjudicial, ya que perpetúa la sensación de abandono y soledad y dificulta la superación de la ruptura.

Es mucho más recomendable permitirse apoyarse en quienes nos rodean. También es importante poder desahogarse y expresar nuestros sentimientos, dudas y miedos (ahora bien, sin hacerlo de manera constante o de lo contrario puede llegar a generar rechazo).

Come y duerme

La falta de sueño y de suficientes nutrientes hace mucho más difícil la recuperación, tanto en la depresión por ruptura sentimental como en cualquier otra alteración psicológica del estado de ánimo.

Aunque no tengamos apetito debemos intentar forzarnos a comer de manera sana y equilibrada. En lo que respecta a dormir, es recomendable intentar planificar los momentos de sueño y preparar un escenario que nos permita relajarnos.

También resulta recomendable la práctica de técnicas de relajación.

Valora tus pensamientos, creencias y exigencias

Cuando una relación se rompe pueden surgir diferentes tipos de creencias y pensamientos. Resulta recomendable intentar revisarlos de forma objetiva, sin valorarlos y sin juzgarlos.

También resulta útil plantearse si hay alguna interpretación alternativa.

Aspectos como lo que implica tener pareja, lo que exigimos a los demás y a nosotros mismos (en ocasiones tenemos autoexigencias o demandas excesivas y poco realistas) y qué autoimagen tenemos son elementos a analizar.

No evites el dolor

Un error frecuente que casi todos cometemos en este tipo de situaciones es el de intentar evitar el dolor que sentimos, a menudo de forma activa.

Si bien la distracción puede ser útil en determinados momentos, lo cierto es que en realidad resulta mucho más eficiente permitirse sentir el dolor y el malestar de tal manera que la situación pueda llegar a procesarse tanto cognitiva como emocionalmente. No se trata por otro lado de recrearse y congratularse en el dolor (algo que también sería perjudicial), sino de permitirse sentir el sufrimiento y no negarlo.

• • •

Haz deporte

El deporte es una práctica muy saludable, que además se ha visto de utilidad para ayudar a combatir sintomatología anímica.

Una estrategia útil pasaría por intentar incrementar el nivel de ejercicio que hacemos, algo que a la larga genera un aumento de endorfinas que puede ayudarnos a salir del malestar.

Acude a ayuda profesional

Si bien generalmente un duelo no necesita de un tratamiento a nivel profesional, si este se cronifica y especialmente si se transforma en una depresión puede ser necesario pedir ayuda a algún especialista en psicoterapia.

Puede ser beneficioso el seguimiento de algún tipo de terapia o tratamiento psicológico en el que se trabajen aspectos como la autoestima, la práctica de actividades agradables o la modificación de sesgos cognitivos y creencias disfuncionales, entre otros.

. . .

En ocasiones también puede ser necesaria la prescripción por parte de un psiquiatra de algún tipo de antidepresivo o ansiolítico, si bien más bien como apoyo en el proceso y no como tratamiento único en sí.

¿Cómo buscar un psicólogo para asistir a terapia?

Hay quien, sabiendo que necesita asistir a psicoterapia, no se atreve a lanzarse a ello simplemente porque le resulta complicado buscar un psicólogo que se adapte a sus necesidades.

Sin embargo, lo cierto es que a pesar de que algunas personas pueden encontrar este proceso intimidante, no es tan complicado como se podría llegar a pensar, incluso en los países en los que este tipo de servicios no están muy bien regulados. Encontrar a un profesional de la salud mental es, entre otras cosas gracias a Internet, algo cada vez más sencillo y accesible para todo tipo de públicos.

En las siguientes líneas veremos varios consejos sobre cómo buscar un psicólogo que atienda nuestro caso de manera personalizada, teniendo en cuenta sus conocimientos y nuestras principales necesidades específicas.

. . .

Encontrar al profesional de la psicoterapia más adecuado a tu caso puede parecer complicado en un principio, pero en realidad no lo es tanto; ten en cuenta que los psicólogos ya están acostumbrados a que las personas que nunca antes han hecho terapia lleguen a su consulta el primer día con muchas dudas, y ellos asesoran. Además, en el caso de que noten que lo que necesitas no forma parte de lo que están preparados para tratar, te pueden derivar a otros profesionales que conocen y que sí abordan casos como el tuyo.

Sigue estas pautas para encontrar a un psicólogo o un equipo de psicólogos en un centro de psicología que se adapte a lo que buscas.

1. Determina la gravedad y la naturaleza de tu problema

A la práctica, incluso si un psicólogo ve que no puede trabajar con un caso como el que presentas, te aconsejará del mejor modo posible para que te atienda alguien que sí está especializado en esa clase de problemas. Sin embargo, si te tomas un pequeño tiempo para pensar en lo que te ocurre, tendrás más posibilidades de acertar a la primera (teniendo en cuenta que es muy probable que no tengas una visión objetiva y realista de lo que realmente pasa, y que es normal que incluso tú te equivoques en este aspecto).

. . .

Así pues, hazte dos preguntas. La primera es qué tipo de problema tienes: ¿es algo que tiene que ver principalmente con tus relaciones sociales, o te afecta solo a ti de una manera relativamente aislada? ¿Tiene que ver con tus sentimientos, con tu percepción de las cosas, o con ambas cosas? ¿Es algo automático, o algo que tiene que ver con tu manera de tomar decisiones?

La segunda pregunta es hasta qué punto es grave, cuál es la intensidad de tu malestar o de quienes entran en contacto contigo.

Dependiendo de estas cuestiones, más tarde deberás buscar a los psicólogos con una u otra especialización, y con unos requisitos de experiencia más o menos exigentes teniendo en cuenta tu disponibilidad y tu capacidad de contratar sesiones de terapia con ellos.

2. Fija tu límite de gastos

Hay que ser realistas y pensar a largo plazo, teniendo en cuenta que necesitarás varias horas de trabajo del psicólogo. Por eso, ten en cuenta todos los gastos que esta cantidad razonable de horas te supondrán, incluyendo aspectos aparentemente menores como los costes del transporte, y fija una cantidad máxima de dinero a dedicar a esto.

· · ·

Por cierto, te puede interesar la opción más barata de la terapia online, que como veremos también es una alternativa a tener en cuenta.

3. Decide si buscas terapia presencial, online o mixta

Muchos psicólogos ofrecen la posibilidad de atender a sus pacientes a través de Internet, mediante videollamada o similares. Además, es un formato que permite recortar gastos y que además tiene otras ventajas evidentes, como ahorrarnos el tiempo de desplazamiento o poder disponer de los servicios incluso teniendo enfermedades que reducen la movilidad.

Por eso, dependiendo de tus necesidades, decide si buscas solo una de las dos maneras de asistir a terapia te van bien ambas, dependiendo de las circunstancias. Este paso para buscar un psicólogo tiene que ver también con el que veremos a continuación.

4. Haz una primera selección de psicólogos

Si te interesa la terapia presencial, puedes buscar específicamente profesionales de la salud mental que trabajen en tu barrio o ciudad, ya sea en su propia consulta o gabinete de psicoterapia, o a domicilio.

Al principio, es bueno que te fijes en dos criterios fundamentales: precio y ubicación (esto último especialmente en el caso de que no te interese la terapia online). Una vez realizado este primer filtrado, puedes pasar a ver el tipo de especializaciones que buscas en un profesional de la psicoterapia, las edades de los pacientes a los que atiende, sus idiomas, etc.

5. Asegúrate de que tienen los títulos oficiales para ejercer

Comprueba que las personas a las que has seleccionado en el primer barrido cuentan con sus números de colegiados en el Colegio Oficial de Psicólogos de su país, lo cual te garantizará que han realizado la trayectoria formativa que las capacita para ejercer intervención psicológica en los ámbitos clínicos o de la salud.

6. Comprueba sus especialidades

No mires solo aquello en lo que la persona dice especializarse: comprueba que tiene los títulos de posgrado que le han aportado unas bases de experiencia y de fundamentos teóricos en esos ámbitos clínicos.

Ten en cuenta que los cursos y talleres pueden ser de un solo fin de semana, mientras que para recibir el título de Experto son necesarias muchas más horas, y para obtener un Máster hay que invertir en ello al menos un año.

Por otro lado, también puedes fijarte en si el o la profesional ha cursado un programa general, o uno más especializado y centrado en lo que buscas.

7. Fíjate en su presencia online

Los psicólogos que están en activo y que dedican cuerpo y alma a esta profesión suelen estar en contacto con webs de psicología, directorios, medios generalistas... Es decir, es un indicador de fiabilidad el hecho de que percibas que el profesional en cuestión dedica tiempo a salir de su consultorio y darse a conocer y colaborar con otras organizaciones y hacer divulgación de su profesión.

Incluso hay profesionales que intervienen en programas de radio o televisión. Eso es positivo en la medida en que nos puede dar una cierta noción de si estamos ante un referente en su campo, con una red de contactos consolidada que les permite trascender la rutina de su consulta y llegar a un público más amplio. Por ejemplo, en el blog de Psicología y Mente colaboran psicólogos y centros de psicoterapia que son grandes referentes en distintos campos.

8. Elige unos pocos profesionales y pregunta

En esta última fase de la búsqueda, puedes informarte más en profundidad de los servicios ofrecidos. Si te surgen dudas, lo cual es probable, pregunta, pero elige bien aquello de lo que buscas respuestas y formula tus dudas yendo al grano; leer grandes textos en los que alguien que no es cliente describe sus problemas y busca respuestas a todo no es del gusto de nadie y, en todo caso, tus problemas solo pueden ser explorados en profundidad en la fase de evaluación, en las primeras sesiones.

Así pues, a partir de este último paso, ya deberías ser capaz de elegir.

Las 5 fases para superar el duelo de la ruptura de pareja

Superar el desamor y la ruptura con la persona que amamos no es nada fácil, como ya lo hemos leído a lo largo de todo el libro. Son muchos los momentos buenos que dejamos atrás, y el torrente emocional que esta situación genera hace que vivamos este momento como el fin del mundo.

· · ·

Generalmente, uno de los dos miembros de la relación es el que decide dejarlo, y aunque podría parecer que es el que menos sufre, eso no siempre es así. Hay relaciones que acaban pero el amor sigue vivo. Algo que complica la transición hacia una nueva vida sin la persona amada.

Superar el desamor y la ruptura con la persona que amamos no es nada fácil.
Son muchos los momentos buenos que dejamos atrás, y el torrente emocional que esta situación genera hace que vivamos este momento como el fin del mundo.

Generalmente, uno de los dos miembros de la relación es el que decide dejarlo, y aunque podría parecer que es el que menos sufre, eso no siempre es así. Hay relaciones que acaban pero el amor sigue vivo. Algo que complica la transición hacia una nueva vida sin la persona amada.

Y claro, llegados al punto de dejar atrás todo lo vivido, son muchos los recuerdos que golpean nuestra mente una y otra vez. Ciertamente, no es nada fácil aceptar que la situación ha llegado a su final, que la otra persona rehará su vida sin nosotros y todo lo vivido quedará atrás para no volver nunca más.

El dolor emocional puede ser incluso más devastador que el dolor físico, y algunos individuos quedan enganchados a la pareja igual que si fuese una droga. De hecho, el amor y la droga utilizan los mismos circuitos neuronales, por lo que los psicólogos recomiendan no tener contacto con la otra persona (al menos durante un tiempo) para evitar recaídas.

El desamor no es un proceso lineal

Y, ¡sí!, las recaídas son habituales en el desamor puesto que no es un proceso lineal. ¿Qué quiero decir con esto?

Pues que existen altibajos. Son varias las fases del desamor que se superan con el tiempo, pero es posible volver a las etapas anteriores cuando volvemos a ver a la persona amada.

Por eso los expertos afirman que en el desamor, igual que con la droga, lo mejor es el "todo o nada". Al menos si queremos evitar el sufrimiento durante más tiempo y evitar las recaídas que pueden llevar a una mayor sensación de fracaso y a mayores conflictos con la ex pareja.

LA DEPENDENCIA EMOCIONAL

. . .

Las consultas psicológicas reciben día a día un montón de personas que tienen un problema en común: la dependencia emocional.

Este cuadro se puede observar cuando la persona que lo sufre permanece en un estado de filiación extremada hacia su pareja sentimental, porque existe una gran necesidad de mantener el vínculo emocional y el afecto.

Las consultas psicológicas reciben día a día un montón de personas que tienen un problema en común: la dependencia emocional.

Este cuadro se puede observar cuando la persona que lo sufre permanece en un estado de filiación extremada hacia su pareja sentimental, porque existe una gran necesidad de mantener el vínculo emocional y el afecto.

Dependencia emocional: ¿Qué es?

Como ocurre con otras dependencias, como en la adicción al consumo de sustancias tóxicas, la dependencia emocional opera mediante mecanismos de refuerzo positivo, que acaba generando dependencia psicológica en el sujeto. La dependencia emocional afecta por igual a mujeres y hombres.

. . .

Sin embargo, los hombres suelen ocultar este problema pues se sienten menos capaces de reconocer que están 'atados emocionalmente' a otra persona. A causa de la vergüenza en expresar el problema, algunos hombres presentan cuadros de dependencia más severos.

¿Quién sufre dependencia emocional?

Aunque muchas veces esta situación pueda ser transitoria, lo más habitual es que el patrón de dependencia emocional en el sujeto se observe a lo largo de su vida y con las diferentes parejas que tenga. Esta dependencia sentimental no hace referencia a motivos materiales (como podría ser una dependencia de tipo económico), sino que alude a la necesidad de amor y vínculo afectivo. Las personas que la sufren tienen un gran miedo a estar solas y no pueden concebir su vida si no es al lado de una pareja sentimental.

Resulta significativo que muchas de las personas que son dependientes emocionales buscan parejas con un carácter dominante, con un perfil psicológico que tiende hacia el egoísmo y el narcisismo, posesivas, autoritarias y déspotas. En algunos casos, el dependiente emocional refiere haber sufrido algún tipo de maltrato físico o psicológico por parte de su pareja, lo cual no resulta extraño teniendo en cuenta el perfil que hemos comentado. La persona dependiente tiende a idealizar a su cónyuge, viviendo en una cierta sumisión hacia él.

. . .

La persona afectada es capaz de reconocer el maltrato y el menosprecio que sufre a diario, pero no tiene la capacidad para dejar de estar 'enganchada' a su pareja. Pide perdón incluso por cosas que no has hecho, con el fin de mostrarse tierno y sumiso ante su pareja; para ganar su aprobación y amor. También pueden gastarse mucho dinero en regalos y en general mantendrán una actitud de atenciones y gestos con los que tener contenta a la pareja y satisfacerla en todo momento.

Causas

Normalmente, el fondo del problema de la dependencia se encuentra en una pobre autoestima, que conduce al dependiente emocional a desvalorizarse sistemáticamente. Se muestran críticos consigo mismos y con su forma de ser, hasta el punto de sentirse inferiores y culpables, incluso, del menosprecio que puedan recibir por parte de sus parejas sentimentales. La situación se torna aún más insostenible con el paso del tiempo, en que el transcurso de la relación exacerba la relación subordinada del dependiente emocional respecto a su pareja, que ejerce un rol dominante.

De este modo, el menosprecio de la persona dominante hacia el dependiente emocional se incrementa, llevando al extremo su subordinación. También es común observar que este tipo de relaciones acaban rompiéndose en poco tiempo, pero eso no soluciona el problema. El dependiente intentará volver una y mil veces con su expareja, de la misma manera que el drogadicto se las ingenia para obtener la sustancia y volver a consumir. Esta dinámica conduce a una situación de círculo vicioso, puesto que el desprecio del dominante aumenta, así como disminuye la autoestima y dignidad de la persona dependiente emocional. La persona que padece este tipo de dependencia emocional necesita permanecer en contacto con su pareja, y si el vínculo se rompe del todo, surge una suerte de síndrome de abstinencia emocional.

Ruptura con amigos y familiares

En estos casos, se pueden producir enfrentamientos airados con amigos y familiares. El dependiente emocional se percata de que sus allegados intentan aconsejarle de que su situación psicológica ante la relación no es la más adecuada, pero éste insiste en defender su relación. Aunque los familiares ven de cerca que el sufrimiento causado por esa relación patológica no cesa, el dependiente suele enfrentarse a ellos y defenderá la situación, llegando a reclamar a su allegados un trato especial hacia la otra persona.

Altruismo patológico

El afectado puede llegar al punto de abandonar sus propias responsabilidades laborales a fin de tener el tiempo necesario para complacer las necesidades del cónyuge. El menoscabo familiar, laboral, social y psicológico del dependiente emocional puede alcanzar límites preocupantes.

En el caso de que el dependiente tenga hijos, es frecuente que sus hijos tengan conductas y actitudes de menosprecio hacia él. Aprenden a despreciar a alguien que no muestra autoridad ni dignidad. También se suele percibir signos de deterioro de la relación de los hijos hacia el progenitor autoritario, puesto que tiende a ser una persona egoísta y déspota que no expresa demasiado amor ni preocupación por sus hijos.

Psicoterapia: abordando el problema

Resulta imprescindible iniciar rápidamente la terapia psicológica a fin de conseguir desvincularse emocionalmente de la pareja. No hacerlo y seguir en dinámicas negativas puede conllevar consecuencias nefastas, ya que no es raro que del menosprecio se pase al maltrato psicológico y hasta al maltrato físico en último término. Para evitar entrar en las dinámicas crecientemente peligrosas, es importante empezar tratamiento psicológico temprano, aunque esto a la práctica es difícil de conseguir.

. . .

Tal como ocurre en las diferentes adicciones, el primer paso es que el afectado sea capaz de reconocer que tiene un problema y decida buscar la manera de solucionarlo.

Este punto es muy difícil: el dependiente logrará encontrar múltiples excusas y justificaciones para su conducta. Suelen ser del tipo: "Ustedes no lo/la conocen bien", "Me quiere mucho", "Nadie es perfecto", "La culpa es mía también"… Es prácticamente imposible lograr que funcione una terapia que no haya sido requerida por el propio afectado, e igual que ocurre con las demás adicciones, será necesario una ruptura absoluta con la pareja.

¿Conoces a alguien que es dependiente emocional?

Los mejores consejos que se pueden dar a alguien cuyo familiar o amigo sea un dependiente emocional son los siguientes:

- No cedas nunca ante la exigencia de mantener un trato exquisito hacia la persona dominante.
- Debes permanecer al lado de la persona dependiente, pero no mostrarte cómplice de su relación enfermiza.
- Puedes dialogar con el afectado y hacerle entender que puede contar contigo y con la familia.
- Si finalmente decide pedir ayuda para romper

con la situación, es necesario que le acojas e impidas cualquier contacto con la pareja.
- También es buena idea acompañarlo a terapia. El psicólogo no solo ayudará a encontrar el mejor camino para el afectado, sino que también proporcionará algunas pautas a los familiares y amigos para revertir la situación, así como algunos consejos para dudas concretas.

Para concluir este pequeño tema, lo traemos aquí ahora que estamos hablando de las formas para poder olvidar a tu ex, porque este trastorno psicológico puede ser una de las causas ya sea de no poder olvidar a tu ex porque te sientes demasiado dependiente de esa persona o que sea una de las razones por las cuales no puedes dejar a tu actual pareja, aun cuando sabes que es lo mejor que podrías hacer para ti y para tu vida. Sea cual sea la razón espero que si sufres de algún problema psicológico sepas que no estás solo y que siempre va haber gente que te pueda ayudar, todo está en que aceptes y te des cuenta del problema por el que estás pasando.

EL TIEMPO SE CONVIERTE EN UN GRAN ALIADO PARA EL DESAMOR

Cuando dejamos de ver a la persona amada, los circuitos neuronales que están implicados en este fenómeno se debilitan, y los niveles de los neuroquímicos como la dopamina, serotonina, norepinefrina, entre otros, se estabilizan. Con el tiempo, el cuerpo se va a adaptando al cambio y es posible volver a la normalidad.

Dicho esto, hay personas que tienen serias dificultades para superar estas situaciones, pues distintos problemas (su baja autoestima, sus habilidades sociales pobres…) dificultan su recuperación. En estos casos es necesario acudir a un psicólogo especializado en esta temática, y es importante evitar la administración de fármacos, pues es necesario adquirir creencias realistas sobre las relaciones de pareja, mejorar las habilidades de relación con los demás, o aprender a quererse a uno mismo.

Las fases de una ruptura amorosa

¿Pero cuáles son las fases del desamor que existen? ¿Cuáles son sus características?

Las etapas del desamor son cinco y el último paso es la aceptación. Cada persona vive las etapas a su manera y el tiempo de superación va a depender de muchos factores. Por ejemplo, la intensidad del sentimiento, el tiempo de relación o experiencias previas de desamor.

. . .

Estas son las fases del desamor:

1. Fase de negación y aislamiento

Esta fase se caracteriza porque la persona niega la realidad y actúa como si todo continuara igual (los dos juntos). Es una etapa generalmente breve, que suele ocurrir como forma de protección, pues el impacto de la ruptura es tan grande que cuesta asimilarlo. En esta etapa es importante que el individuo sea consciente de las emociones que siente y el motivo por el cual están ahí. Es necesario que vea la situación de la manera más objetiva para obtener más claridad.

2. Fase de ira

Esta fase se caracteriza porque la persona siente una rabia y una ira muy fuerte hacia la persona que le ha dejado. Si en la fase anterior la persona no quería aceptar la realidad, ahora siente una tremenda frustración por lo que ha ocurrido y culpa a la otra persona de los males de la pareja. Entonces suele aparecer la venganza. En ocasiones, ocurre también que, ante esta situación, la rabia se dirija hacia uno mismo o las personas a su alrededor (e incluso hacia el mundo entero).

3. Fase de negociación

Esta fase puede ser realmente peligrosa si no se gestiona bien, pues en un intento de aceptar la situación y acercarse a la otra persona de nuevo, se puede cometer el error de tratar de hacer cualquier cosa por recuperar la relación. Un mal acercamiento puede arruinar de nuevo la situación, e incluso empeorarla.

4. Fase de depresión

En esta etapa la persona pierde la esperanza de recuperar a esa persona que realmente ha amado. Comienza a ser objetivo y a darse cuenta de que no hay marcha atrás. Por lo que se siente realmente apenado ante la pérdida de quien fue tan especial para él o ella.

5. Fase de aceptación

Tras la tristeza de la fase anterior, la persona comienza a visualizar un nuevo futuro. Acepta que la relación se acabó y que lo que no pudo ser, no será. Ya no busca estar con la otra persona y se siente en paz y preparado para conocer a una nueva pareja.

El desamor se puede superar

· · ·

Como hemos podido ver, nuestra psique está preparada para poder asumir y superar una ruptura de pareja. De todos modos, hay algunos casos en que el dolor y las malas sensaciones son difíciles de asimilar y esto puede conducir a algún tipo de trastorno psicológico.

Conclusión

Todos quieren un final feliz, y un final feliz común es el final de una película o el final de una serie de un programa de televisión donde el chico y la chica terminan juntos. No se casan todo el tiempo, pero sucede que cuando el héroe y la heroína se besan, te sientes seguro de que vivirán felices para siempre juntos.

El problema es que para todos estos programas de televisión y películas, la historia termina cuando el guion lo dice. En el mundo real, la historia continúa después de que las cámaras dejan de rodar. El final no es necesariamente feliz. La mitad de todos los matrimonios casi siempre terminan en divorcio, pero los segundos matrimonios tienen más probabilidades de fracasar que los primeros matrimonios. La mayoría de las relaciones románticas no matrimoniales fracasan. Esta puede ser una estadística desmoralizadora a considerar, pero la lección que se debe sacar de esto es que el amor, como cualquier meta digna, requiere trabajo.

Conclusión

Si aún no aceptas que vivir solo es tan bueno como vivir con otra persona, no estás solo. Hay dos grandes refutaciones que las personas plantean cuando se les dice que no necesitan una pareja en sus vidas. La primera es que estar solo es solitario. Cuando las personas hablan de vivir solas, hablan del silencio de sus hogares, de lo aburridas que son las cosas sin nadie alrededor y de la soledad.

Estos problemas se pueden resolver con relativa facilidad. Primero, el silencio. En el siglo XXI, el silencio es más un lujo para las personas que un problema. Si no te gusta que tu apartamento esté en silencio, hay opciones. Encender la televisión es una alternativa popular, o puedes escuchar la radio.

También puedes ponerte los auriculares en tu reproductor de mp3 o transmitir radio por Internet a través de tu computadora. Sin embargo, esto puede parecer una mala excusa para una compañía real. Si quieres hablar con amigos, también tienes varias opciones. Utiliza los programas de mensajería instantánea en Internet para chatear con amigos o márcale a tus amigos y habla con ellos por teléfono. ¡La mejor de las suertes!

Gracias por descargar leer el libro. Espero que haya respondido a todas tus preguntas sobre: la mejor manera de superar una ruptura dolorosa.

www.ingramcontent.com/pod-product-compliance
Lightning Source LLC
LaVergne TN
LVHW021717060526
838200LV00050B/2714